XINJIAPO

丝路文苑
他乡故事

新加坡

[新加坡]

韩昕余 编著

SPM 南方出版传媒
花城出版社
中国·广州

图书在版编目（CIP）数据

丝路文苑·他乡故事.新加坡／（新加坡）韩昕余编著.-- 广州：花城出版社，2017.2
ISBN 978-7-5360-8308-0

Ⅰ.①丝… Ⅱ.①韩… Ⅲ.①新加坡—概况 Ⅳ.①K91

中国版本图书馆CIP数据核字(2017)第039814号

出　版　人：詹秀敏
特约顾问：肖江华　朱添寿
特约组稿：舒　然　　侯希平　　王世明
翻　　译：宋　铭
责任编辑：曹玛丽
技术编辑：凌春梅
装帧设计：刘　畅

书　　名　丝路文苑·他乡故事.新加坡
　　　　　SILU WENYUAN TAXIANG GUSHI XINJIAPO
出版发行　花城出版社
　　　　　（广州市环市东路水荫路11号）
经　　销　全国新华书店
印　　刷　广东新华印刷有限公司
　　　　　（广东省佛山市南海区盐步河东中心路23号）
开　　本　880毫米×1230毫米　32开
印　　张　6.625　1插页
字　　数　170,000字
版　　次　2017年2月第1版　2017年2月第1次印刷
定　　价　30.00元

如发现印装质量问题，请直接与印刷厂联系调换。
购书热线：020–37604658　37602954
花城出版社网站：http://www.fcph.com.cn

前言

　　《丝路文苑·他乡故事》（新加坡卷）是一本描写中新友好交流的书，从多个层面呈现两国源远流长的历史与文化关系，以及双边紧密关系的现状。

　　新加坡是一个华人占多数的国家，华族的文化理念、精神信仰深深影响了新加坡的社会结构和文化价值取向。

　　新加坡是东盟重要的成员国之一，中新两国友谊历史悠久，人民血脉相通，双方在很多领域的合作都走在中国和东盟国家的前列。

　　2015年，习近平总书记提出的"一带一路"战略倡议，得到了新加坡政府和民间的积极响应。中新两国关系前景广阔。

　　谨在此祝贺《丝路文苑·他乡故事》丛书的出版，希望读者通过新加坡卷更多地了解中国和新加坡的合作和友谊，为中新两国关系的进一步发展添砖加瓦。

肖江华　中国驻新加坡大使馆文化参赞

目录

功勋篇

精英篇

他乡生活

功勋篇

追求无我的建筑设计

——访新加坡规划之父刘太格博士

"刘博士，为什么中国会邀请您一个外国人来设计中国的大使馆？"

见到刘博士的这第一句话尚未落地，我就觉得实在是太唐突太冒昧了。

在访问刘博士之前，我亲自到中国大使馆和中国文化中心实地考察了一番，并且上网查找相关资料，知道中国驻新加坡大使馆是中国驻外使馆中首个邀请外国设计师参与设计的建筑，就想知道刘太格博士，这位被誉为"世界规划泰斗"的"新加坡规划之父"到底凭什么拿下了这么重要的一个建筑设计项目。

刘博士并未在意我的冒昧，一展他那温婉的笑意："我们先放个幻灯片吧。"

刘太格

刘博士的同事克男小姐显然已经准备就绪了。

一边放映幻灯片，一边讲解，刘博士并没有直接回答我，一个小时的讲述，我准备的若干问题已经没有提问的必要了。

这就是大师，逻辑严密、条理清晰、资料翔实，娓娓道来，不由得你不折服。

古老的腾飞　民族的浓缩

站在中国驻新加坡大使馆主楼的前面，庄严雄伟的感觉油然而生，横向的主体建筑布局、厚重的楼体、庄严的色彩，我甚至有一种站在长城脚下的感觉。然而，真正明白这栋建筑的文化内涵和设计概念及寓意，却是在听了刘博士的介绍之后。

中国驻新加坡大使馆

中国驻新加坡大使馆占地达1.2公顷，包括三座办公楼和两座住宅楼，五座建筑遥相呼应，和谐完美。

它坐落于新加坡著名的使馆区，与美国、英国、澳大利亚等国大使馆毗邻，如何在众多使馆建筑群中脱颖而出，又凸显中国文化的精神内涵，是刘博士着重思考的。他说，为了尊重城市规划条例，建筑不能太高，又要显示雄伟、卓尔不群。他灵活地注入了中国元素。一是窗户的设计，采用中国竖而略窄的风格，不影响采光又保持了中国建筑特色。第二，使用《易经》阴阳的理念，方和圆、直和弧的结合。左侧楼体采用立面直线设计，高而挺拔；右侧楼体是圆弧形，浑厚沉稳优雅。整个楼群雍容华贵大气又兼顾细节。我最感兴趣的是右侧楼体的窗口，一个圆形，一个方形，标准的中华文化特色，地阁方圆，天庭饱满，幸福祥和之相也，用在这所建筑上实在是恰如其分。最精巧的还是窗户窗棂的设计，实在为刘博士的用心和匠心感动不已。这样的细节和良苦用心，足见刘博士深谙中国文化。

同时，整个建筑群又蕴含了强烈的时代感，深绿色玻璃墙面、挑高的天台、屋顶镂空的遮阳天棚、庭前的水池，都洋溢出浓浓的南洋风格和现代建筑风韵。太湖石和怪兽的生动设置，是中国元素画龙点睛的精彩回放。

很遗憾，我们一般很难远视或高空俯瞰，使得即使是来到它身边的人也无法完全领略它的风采，这一点又暗合了中国文化藏而不露、大气而谦逊的人文理念。真的是天合之作呀！

精巧灵动之美　尽显中华元素

新加坡中国文化中心，是刘太格博士在新加坡土地上演绎的又一包含中国文化元素的典范之作。

中国文化中心在雄伟大气之外，给我的感觉更多的是精巧而灵动，尤其细节无微不至，中国文化元素填满了每一条砖缝、每一份色彩、每一块砖石、每一个设计部件和装置。

刘博士介绍，这栋建筑坐落在新加坡繁华市中心的文化区，附近有高大现代的图书馆、历史悠久的南洋艺术学院、文化丰厚的国家美术馆、国家博物馆等地标，周围也多是殖民地风格的保留建筑，如何在这样的地理位置凸显中国文化的丰厚绵长、卓然超群，刘博士用心良多。

仅仅石材一项，他就走南闯北，历经多个城市最后在山东省胶东地区找到，可见其讲究和认真的态度。

刘博士说，整个建筑按照容积率只做六七层就足够了，可是因为周围高大建筑比较多，中国

中国文化中心

文化部就希望该建筑拔高和突出，在容积率不变的情况下向上发展，最终设计10层。

按照刘博士的建筑理念，非常重视建筑的功能，刘博士在完全了解文化中心的功能后展开设计。从设计到建设历时近5年，占地约1352平方米，建筑面积约8900平方米，由裙楼、塔楼、景观电梯、连廊和主屋顶组成。

一楼的入口处是大厅，一定要气派又实用，二层以上有办公室、教室、图书馆、剧院、展览厅等等……刘博士一边播放幻灯片，一边讲解，整个文化中心呈现在我的面前。

整栋楼外墙是通过颜色显示中国元素的，灰色、白色基调，有两条立柱用了竹笋的花纹，象征欣欣向荣。

为了保证楼体之间很好地通风，设计了一个架空空间，这样就需要一个柱子，刘博士很巧妙地把柱子设计成一个透明的玻璃景观电梯，到了晚上，电梯内外有光，仿佛一盏孔明灯上上下

下，煞是好看，又有寓意。

刘博士说，顶楼设计有盖的平台，是为了方便举办活动，这也是热带建筑的特色，如果放在温带就不可以。天台可以举办酒会、小型派对、新书发布会等等，很好地利用了空间又不辜负天台的美丽景色；屋顶上还设计了一个水池，底是玻璃的，有透视效果，太阳照过来，光会透过玻璃照到6楼的平台，也有采光的效果。

刘博士特别对我解释了最得意的设计细节：斗拱。

"斗拱"灯饰采用"中国红"，不同国家对颜色的理解是不一样的，为了实现"中国红"，设计团队和制造商反复沟通。

刘博士说，"斗拱"是中国木构建筑的一种特殊标志，是中国建筑特有的架构。开始担当支撑作用，后来慢慢演变，装饰性越来越强，既实用又美观，刘博士取其精华和内涵，进行了再创造，采用灯笼的意象，在显示强烈的中国元素内涵的同时带来喜庆和高雅的风韵。

整栋建筑有山有水，有孔明灯还有大红灯笼，白天晚上一派喜气洋洋。

刘博士也提到了门窗的设计。"中国门窗比例同西方不太一样，中国建筑受到鲁班的影响，门窗比较窄、比较高，在不影响使用的情况下，我们尽量做得符合这一特色，让人们来到这里就下意识地感受到中国味道。"刘太格博士说。

深厚的中国文化背景

刘博士的建筑设计风格与他的中国文化内涵与家庭背景有关。

刘博士出身于艺术世家，父亲曾经留学法国研习绘画，后师从大画家刘海粟先生成为得力弟子。绘画至90岁，毕生为艺术，被誉为新加坡南洋画派的先祖、新加坡先驱画家。而刘博士个人由于新加

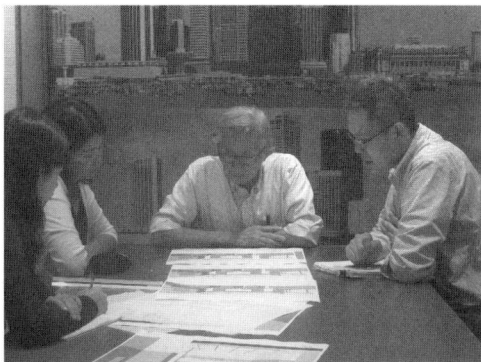

工作中的刘太格

坡特殊的历史渊源，从小就读华校，当时的教师都是来自中国的教授，课本也来自中国，他自幼深受中国文化熏陶，继承中国文化基因。后来去新南威尔士读大学，研究论文即《中国建筑的传统》。在他的建筑生涯中受到两位大家的影响，一位是著名学者傅雷先生，一位是世界著名的建筑设计大师贝聿铭先生，令他受益匪浅。

我想起前两天看到刊登在中国《收获》杂志上的一封傅雷先生给刘博士的信函以及刘博士回忆傅雷先生给予他的指导和帮助，更明白了刘博士的感恩之心。

刘博士非常注重建筑的实用功能。他说："建筑设计形象首先要尊重功能，功能要遵循为使用者带来愉悦的原则。"这是不是一个建筑设计的经典理念我不敢说，但是，我为刘博士这样的世界观所感动。设计者不能只考虑自己的感受和诉求，做自己想做的事情，必须摒弃强烈的自我意识才能设计出好的作品。

"一个好的建筑设计师，心里要装着人民，为社会和人民创造福祉和愉悦。"

刘博士所说的摒弃自我，不是摒弃自我的创造性，而是摒弃

7

自我的狭隘心。

这是怎样的一种境界？这是一位真正的人民的建筑设计和规划大师。

看着眼前的刘太格博士，这位年近耄耋的老人，没有自我，心里只装着人民，这或许就是他保持生命活力的秘诀。

现代、地方、民族

刘博士说，他的建筑规划设计理念其实很简单，基本用六个字就可以概括：现代、地方、民族。

刘博士还强调，建筑一定要和周围环境保持和谐，没有一个人是孤立的，一座建筑、一座城市也是一样的。但是，这是不是也多少局限了建筑设计师的艺术想象力和表现力呢？我轻声地问刘博士，刘博士点点头：这会给设计师提出更大的挑战。

刘博士很骄傲地谈起了他在中国潍坊的设计作品——潍坊文化艺术中心。他说这组作品是在一个广场花园之中，基本不受周围环境影响，让他能够自由豪放地展开设计。当地又是一个国际风筝之城，他的设计无论俯瞰还是平视，大气又自由，如展翅高飞的纸鸢，龙飞凤舞又不失端庄优雅。

听刘博士谈规划、谈建筑设计是一种享受，所谓茅塞顿开、醍醐灌顶，统统用不上，他的讲解是润物细无声。

刘博士还为我展示了他在中国和世界其他国家不同城市的作品，不厌其烦地一一讲解，由浅入深，为我这个局外人上了精彩的一课。

在谈到中国西安的规划时刘博士说，大西安的空间规划首先

在对未来人口预测的前提下，将整体的框架和功能进行了合理的构建与布局。之后，在西咸新区内部规划了一个新的城市中央商务区。巧合的是，该商务区南部正对着周代都城镐京的遗址。西安是一个轴线城市，在不同历史时期，共产生了三条轴线。借助新中央商务区的区位条件，规划了一条贯穿它与镐京遗址的长14公里的新轴线。根据功能需要，在轴线上设立了若干个不同等级的中心，包括新镇中心和小区中心。刘博士建议这些中心的建筑形象采用中国不同历史时期具有代表性的建筑形象和风格特色，从南向北，轴线上建筑所代表的朝代由周代一直演变到现代，将中国千年建筑精华凝聚在这14公里的轴线内。

刘太格，作为一位海外的学者，为中国古都塑造历史，着实让人惊叹又敬佩。

刘太格博士建筑设计的功能性理念，在他为厦门设计的诊疗所上体现得淋漓尽致。当地政府高度重视项目的合理性，在功能布局上做了严密的设计，为患者和工作人员构建了舒适便捷的医疗环境。该诊疗所也被政府定为范例，鼓励其他诊疗所学习借鉴其设计理念和功能布局。

通商中国成就奖

中国有很多描述建筑历史的书，却很少研究建筑理论的书籍，这不能不说是一个缺憾。作为中国国家发展和改革委员会国际合作中心学术委员会顾问，刘博士希望更多的学者来研究中国的建筑理论，把中国优秀的建筑成就和特色记录下来传承发扬，让世界了解中国，也让中国现在和后来者借鉴学习。中国历史文化悠久，是建筑的宝藏，应该有更多的研究学者出现，为今天高速发展的社会尤其是城镇化改革做出贡献。

作为新加坡通商中国成就奖得主，刘太格博士早在上世纪80年代就开始与中国分享新加坡的城市发展与规划经验。身为中国30多个城市的规划顾问，刘博士的规划概念与提案预计惠及超过5000万名中国各大小规模城镇的民众。北京筹备奥运会期间，刘博士更被委任为北京奥运设施规划方案评审委员会主席，率领来自7个

刘太格获颁通商中国奖章

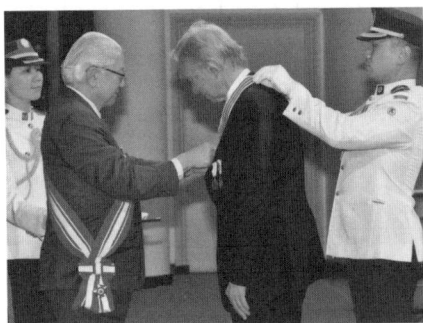

2015年，刘太格获颁新加坡总统殊功勋章

国家的13位专家评委。刘博士在中国城市规划发展方面的非凡贡献，加深了新加坡和中国各省市的联系，也促进了新中关系的良好发展。

研究中国文化，发扬华族精神

——访新加坡国立大学王赓武教授

久仰王赓武教授的学术思想和敬业精神，作为华族后裔，他身上不仅流淌着中国长江黄河的血水，更有着一颗对中华文化和华族精神发扬传承的赤诚之心。

王赓武教授，1930年生人，祖籍江苏泰州，生于荷属东印度（今印度尼西亚）泗水。南京中央大学历史系肄业，新加坡马来亚大学历史系毕业，1953年获颁荣誉学士、1954年获硕士学位，1957年获伦敦大学博士学位。

王赓武教授曾任马来亚大学教授、历史系主任、文学院院长。1968—1986年任澳大利亚国立大学教授、远东历史系主任、太平洋研究院院长，1986—1995年任香港大学校长。1997—2007年任新加坡国立大学东亚研究所所长。2007年至今任新加坡国立大学荣誉教授兼东亚研究所主席、东南亚研究所主席以及李光耀

王庚武

政策研究所主席。

推动香港大学改革与发展

上世纪八九十年代，王赓武教授出掌香港大学。在继续开展研究工作的同时，把工作重点逐步转移到教育领导工作上。他认为要办好大学，除了文、理、医、工等，社会科学、人文科学亦很重要，现代化大学要加强研究工作，就要吸引最优秀的学者来校任教。杰出的教师和学者，才能以现代化知识培养具有专门知识和技能的毕业生。

当时，港大还在英国人手中，他致力于推动大学改革。赞成将大学本科三年制改为四年制的倡议，并且积极推动"三改四"。他积极推动双语教育，认为母语教育重要，但也要重视英语教育，英语不是殖民地语言，是香港具有最大价值的国际语言，要考虑到配合本港将来作为中国边陲的一个国际城市的需要。

他积极与中国内地加强合作与联系，为了加强与中国内地合作，他在任时，港大接收了很多内地大学、研究机构的硕士、博士研究生，同时也加强了同内地一些大学及研究所学者之间的互访和交流。互派学者开展研究、讲学及进修，以便互相学习，促进交流。

执掌新加坡国立大学东亚研究所

新加坡国立大学东亚研究所的前身是东亚哲学研究所，由新

加坡前任副总理吴庆瑞博士于1983年创立。当时，研究所的研究重点是儒家思想以及亚洲价值观。1992年，研究所更名为东亚政治经济研究所。1997年，改为东亚研究所，作为新加坡国立大学附属的独立研究机构，聘请王赓武教授为首任所长。研究所的更名和王赓武教授的加盟，标志着研究所取向的变化，这一变化从研究范围看，是从中国哲学研究发展到更为宽泛的中国研究和东亚研究，而从实质看，是从更多的哲学学理研究转向更多的应用层面的研究。

王教授的主要任务还是对中国文化的研究和传播。

东亚研究所的定位，或主要任务，是对全球视野中的华人文化和商业联系进行研究，推动当代中国和其他东亚地区经济的学术和政策导向的研究，特别是对中国改革开放中的政治、经济和社会变化等方面的研究，成为国际上研究中国和东亚国家的显要机构，成为中国研究的智库。这既反映了随着中国的快速发展，研究中国问题变得日趋重要，也反映了新加坡学术界在新的形势下对于学术研究有了新的视野。

长期以来，王赓武教授受邀到欧、美、亚、非、大洋洲各国做学术专题讲演，也经常参与同中国方面的交流沟通，多次受邀参加中国政府、大学、研究机构主办的文化交流和学术研究活动，与中国社会科学院、北京大学等机构保持了密切联系。2014年他参加了中国政府主办的在海南博鳌举行的"博鳌亚洲论坛2014年会"，做了题为《海上丝绸之路与华商经济》的发言，对中国改革开放和"一带一路"做出了积极的理论贡献。

他认为中国提出的"一带一路"概念很有意义，是中国跟邻国关系的有益探索。

海洋文明是近几百年来发展起来的。与之相比，亚欧大陆的文明拥有更加悠久的历史。中国非常重视与亚欧大陆邻国建立友好、良性的交往机制。而欧洲也逐渐意识到，世界的经济中心正在从海洋朝亚洲移动，因此西欧国家对亚洲大陆的关注逐渐增强。中国在此时提出"一带一路"这个倡议，具有非常的历史意义。

加强中华文化传播与交流

无论身在何处，王教授一直都在密切关注中国的发展。过去十多年来，中国经济飞快地向前冲刺，其速度之快让这位海外华人与中国问题权威学者也大感惊奇。

王教授激动地说，这影响了整个亚洲，现在还影响了整个世界。

新加坡华人的教育背景、家庭环境与中国的文化、传统之间有着千丝万缕的联系，因此，新加坡年轻一代华人成长起来后，对中国社会、经济等方面的发展会特别关注。

在全球化的过程中，新加坡年轻人面对不同的文化，有自主选择权。因此，中华文化自身的吸引力是很重要的。他说，中华文化在新加坡年轻一代中的传播，不能仅仅依靠华人家庭的力量。语言、文字只是文化传播载体的一部分，美术、音乐、戏剧等方面，都是很好的推广中华文化的手段和平台。王教授积极推动新加坡和中国两个国家文化的交流和传播。

和王赓武教授交谈了大约两个小时，一位近80岁的老人，依然神采奕奕，侃侃而谈。最后我问起他的长寿秘诀，他竟然一口说受传统中国文化影响，宁静而致远，身体健康也是如此。

中国文化在每一位华人身上都体现得如此完美，这让我深受感动。

中国在我心中

——访新加坡和中国"一带一路"论坛主席许通美

访问许通美大使，是我许久的心愿，谈中新两国关系及友好往来，作为新加坡巡回大使、新加坡驻联合国的永久代表，许大使一定是不可绕过的重要人物。

经过几次邮件沟通，许大使非常爽快地答应了我的空中约访，令我喜悦又激动不已。

尤其许大使给的标题"中国在我心中"，更是寓意深远，令我感慨万千。

许通美

许大使首先和我们谈起他与中国的关系，从几个方面回顾新加坡与中国一路走来的艰辛和成功。

2015年11月，许大使亲自参与中国国家主席习近平对新加坡的友好国事访问。他说，这是中国针对新加坡总统陈庆炎博士2015年7月对中国国事访问的回访，两国领导人的互访也是纪念两国友好邦交的重要活动项目。

在此，许大使回忆了他与中国在这30年中走过的重要历程。

向邓小平致敬

许大使说他最后一次见习近平主席是在2010年的11月，那时习近平还是以国家副主席访问新加坡。当时许大使是国家遗产局的主席，他主张在亚洲文明博物馆的前方，安放一个邓小平先生的半身塑像，并邀请建国总理李光耀先生为塑像举行了一个简单的揭幕礼。许大使说："我们对李先生和习先生肯接受邀请感到无比喜悦。我一直非常珍惜这个欢乐的时光。"他还说，他是邓小平先生的崇拜者，这是对邓先生的致敬。

跟中国的联系

许大使回忆说，从1945至1971年，中国在联合国的位置一直由"中华民国"占据。1971年，中华人民共和国在联合国的年度大会上取代"中华民国"在联合国的合法地位。第一位代表中华人民共和国的驻联合国大使是黄华先生，他是一位非常出色的外交家。

1974年，许大使第二次被委任为新加坡驻联合国的永久代表，受命与黄华进行关于新中两国双边关系的对话。1974年7月4日，许大使为时任新加坡外交部部长的拉惹勒南先生举办晚宴，欢迎中国出席联合国大会的代表乔冠华先生，当时乔先生是外交部副部长。晚宴非常成功，晚宴上乔部长向拉惹勒南先生发出邀请，希望他率团访问中国。

拉惹勒南及李光耀先生的访问

在黄华大使的协助下，许大使终于促成拉惹勒南先生率团访问中国，那是1975年的3月13至22日。许大使说："那次访问的重点就是拜访周恩来总理。翌年，我又和黄华大使促成了李光耀先生的第一个访华行程，而这次访华的亮点则是李光耀先生对已患病的毛泽东主席的拜访。"

李光耀与中国

许大使说，从1975到2015年，李光耀先生访问中国超过30次。经历了中国五代的领导人，并协助邓小平进行经济改革，尤其是促进中国经济对外开放的革命性政策，鼓励新加坡公共和私人机构到中国投资。李光耀先生甚至亲自监督苏州工业园的营运。

许大使特别指出："因此，中国将李光耀先生当成老朋友并给予崇高的评价。"

让我高兴的是，我想借此告诉中国一个消息，虽然李光耀先生已不在人世，他的继承人，吴作栋先生和李显龙先生依然用同样的态度继续保持对中国的友好。

1990年跟中国的谈判

许大使说，虽然我们与中国的关系在1976年后已经稳健发展，但却一直等到印度尼西亚与中国建立外交关系后，新加坡和中国的关系才正常化。

1990年的8月，许大使被委任为与中国谈判的代表团团长前往中国谈判建立新中外交关系。

许大使回忆说，经过三轮的谈判，同年9月18日在钓鱼台国宾馆双方同意了一项建交的备忘录。这份备忘录由中国的钱其琛部长和新加坡黄根成部长于10月3日在联合国正式签署。

许大使说，几个月前，他在北京还和当时中国的谈判团首长徐敦信先生，重续往日欢乐时光。

25年的友谊和进展

许大使说，过去的25年，新中两国双边关系的进展是非常显著的。25年前，甚至没有人可以预测到中国会成为新加坡最大的贸易伙伴，而新加坡则成为中国最大的投资国；也没有人能预测到两个政府在苏州工业园和天津生态园成功进行了两项典范工程之后，又策划展开了重庆合作项目。没人能预测两国在签署自由贸易合作协议后，进一步在近期做更高层面提升的雄心。在双方互信的基础上，两国目前的关系是温暖的，是包容透明兼实实在在的。许大使说，他非常有信心，习近平主席和新加坡领导人会将两国的关系推上另一个高峰。

许大使也与我们谈到亚细安与中国的关系。他说，2005年，他被委任为新加坡在亚细安中国名人群组的代表。这个组织的联合主席是马来西亚的姆沙希淡（Musa Hitam）和中国的钱其琛。

许大使认为亚细安和中国的关系是极其重要的，尤其是在经济与政治上的关系。未来三年，新加坡是亚细安中国对话联系的协调国，这让他深感欣慰。中国可以对新加坡致力于团结亚细安国家并保持积极的发展轨迹保持信心。许大使说，无论如何，为了达到这个目标，中国必须扮演他们的角色，以智慧和自制力支持引导正面议程并协调处理分歧。

通过对许大使的约访，我们深深地看到新中关系的重要，许大使非常关心中国的发展，目前他也担任新加坡和中国"一带一路"论坛的主席，十分赞赏习主席的这一倡议。我们相信，通过"一带一路"友好深入地交流，新加坡和中国的关系必将迈上一个崭新的台阶。

勤勉尽职、卓有成效的政府部长

——记新加坡国家发展部前部长马宝山

马宝山，1948年在新加坡出生，1968荣获新加坡总统奖学金及新加坡哥伦坡计划奖学金赴澳洲新南威尔士大学深造。1971年毕业于新南威尔士大学，获一等荣誉学位并继续深造。1973年获得理科硕士。

回国后加入新加坡公共行政部门。1988年当选为国会议员，后在1991、1997、2001及2006年大选中继续当选。1988年任新加坡贸工部政务部部长兼新闻及艺术部政务部部长。1991年被任命代新闻及艺术部部长兼贸工部政务部部长。1999年—2011年，任国家发展部部长。

马宝山

勤勉尽职的政府公务人员

马宝山自幼家境贫寒，随给人打工的母亲艰难度日，生活的困境锻炼了他的自立和自强。中学毕业，马宝山赴澳洲就学，1971年考获工程学学士一等荣誉学位，1973年获工程学硕士学位。"如果没有政府奖学金，我学习再好也没钱读书。""感谢新加坡政府，我有责任回馈我们的国家。"马宝山回到祖国，马上投入国防部成为行政人员。

巴士公司的改革

不久，他被调派到新加坡巴士服务公司，以整顿新加坡巴士管理和监督制度。那时候新加坡的巴士服务管理混乱，巴士开起来一路冒黑烟，乘客常常失窃，车上车下人心惶惶。他作为政府派驻新巴7人研究团成员之一，与同事开始对巴士公司进行调查、研究，针对问题提出改革措施。很快，他们的工作收到成效，巴士公司面貌焕然一新，而马宝山由于勤奋工作和杰出创意，从一名普通工作人员，步步升任管理服务经理、工程经理、助理总经理直至总经理，成为新巴公司的决策者。他身为总经理，从不摆架子，工作以身作则，促进了新巴内部人事关系的和谐与廉洁。巴士公司服务水准的提高，很大程度上得益于马宝山前期的改革。

华文报纸合并

1980年之后，马宝山任新加坡新闻及出版有限公司总经理、"新报"执行委员会副主席，职总"康福"德士公司的主席。

当时华文报章主要是《南洋商报》和《星洲日报》，两家都面对巨大挑战，华文报读者一直下跌。新加坡华人占80%，政府和人民都不希望放弃华文报。为了挽救华文报，就给了他们一个英文出版准证，可是无法与《海峡时报》竞争，不到两年就消失了。

为了摆脱被动局面，马宝山倡导两家华文报进行合并，成立新加坡新闻与出版公司，出版《联合早报》和《联合晚报》。之后是新闻与出版公司与英文报《海峡时报》的合作。当时两家报社阻力和抵触情绪很大，经历数年的磨合，才有了今天的报业控股。华文两报合并，实现了华文报的春天，《南洋商报》《星洲日报》总发行量由合并前的20.8万份，上升为26.4万份。不仅如此，华文报的质量和影响也有，它以独特而直接的方式，与读者保持联系，在新加坡社会中扮演着不可或缺的重要角色。这个过程考验了马宝山的智慧和能力，也显示了他的领导和管理能力。

加入人民行动党并进入政府

马宝山在企业界的管理能力和出色业绩，引起了执政党人民行动党领袖的关注。1983年开始，人民行动党的几位部长级人物相继与他接触、交流，希望他进入政府。开始他并不太接受。

1983年年底，吴作栋与他会面，向他提出考虑加入人民行动党候选人的遴选过程。马宝山没有立即拒绝，提出要认真考虑。

1988年马宝山参与淡滨尼集选区竞选一举成功。从此，他为人民行动党、为新加坡、为新加坡人民服务了整整23年。

1988年参选获胜，马宝山即被委任为新加坡贸易工业部政务部部长兼新闻及艺术部政务部部长。1991年出任交通及新闻艺术部部长，1993年又兼任环境部部长，1999年出任国家发展部部长，直至2011年卸任。

马宝山任交通部部长的时候，新加坡正处于高速发展阶段，个人拥车率迅速增长，陆路交通面临前所未有的压力。政府不断调整对策，包括提高路税、抬高汽油价格、实施分类执照制度等等，仍然难以控制日益拥挤的交通。

1991年政府开始推行汽车限额制度，每月政府发出一定数额的拥车证，邀请公众人士公开投标。汽车限额制度推出后各界反应不一，牢骚渐多，特别是接下来的公路电子收费制度，让更多的人无法接受。面对复杂形势，马宝山和身边的同僚、专家们，坚持科学的分析和调查研究，集思广益，听取专家学者的意见，然后进行科学决策，他们设想和确定的这些制度克服重重疑问、压力、抵触，得以顺利实施，并一直保持至今。今天新加坡交通的畅通无阻、人民生活的便利快捷，很重要的经验就是，有效地控制个人拥车量，大力发展公共交通。可以设想，如果政府没有及时采取各项措施，随着新加坡人口增长、经济发展，交通拥堵的状况可想而知。每一个新加坡人包括当时反对这些政策的人士，如今每天都在感受着这些措施带来的益处和效能，应当庆幸或感谢当年的管理者、决策者的英明和专业。

打造现代化的滨海湾公园

在国家发展部10年任职期间，让马宝山欣慰和最骄傲的是，参与了新加坡发展宏伟蓝图的规划与设计，为打造"第一世界新加坡"，献出了自己宝贵的10年。

滨海湾的规划和建设，最初设想是马宝山提出的。他认为城市中心要有一个现代化、可以自由出入的大花园，这个花园要无愧于新加坡被誉为全世界的花园城市的赞誉，也是新加坡发展成就的代表和体现，还要给人民一个享受生活、艺术、自然的地方。他希望，这样一个花园会在十几二十几年后，仍然不落后、不会被淘汰，而且会让后代由衷赞叹和骄傲。

当然会有反对的声音，认为填海的地价这么昂贵，又处在这么好的位置，应该留给商业用途。马宝山用心说服持有不同意见的各方，包括内阁同僚。他认为，花园的建设不仅可以提升国家形象、人民的生活享受，同样可以提升周围地价，更好地吸引外资。这样的成效会是长远和持久的，不能用暂时的利益和金钱衡量。他的构想得到总理和大部分同僚的支持，童年的梦想有机会顺利实现。

2012年8月19日，《联合早报》头版头条的一篇报道："开幕六周就吸引百万人次，滨海花园本地访客居多"。滨海花园开幕一个半月已经吸引100万人次到访，其中新加坡人占多数，就连付费的两座标志性植物冷室，高达75%的访客都是国人。

为人民建造温馨幸福家园

新加坡的政府"全民拥屋"计划，是世界各国政府和人民都

羡慕的巨大成功。这个计划是国家领导人的英明决策，马宝山作为具体实施者，经历了计划实施中的低潮和高峰期。

新加坡政府为了真正实现"居者有其屋"的目

议员的拥抱

标，立下了"三大承诺"：居者有其屋、给广大民众安家、给民众建设长久的家。时至今日，这些承诺依然惠及每一个国民，新加坡80%以上的人住在政府组屋，90%的政府组屋住户拥有自己的屋子，这个数字无疑是世界之冠。

马宝山1999年面临的一个最大的挑战就是，如何处理超过3.1万间无人问津的政府组屋单位。之后，建屋局用了超过5年时间才将这些组屋单位销售出去。由于当时有相当多的组屋滞销，消耗了纳税人的钱，建屋局决定在2002年将申请新组屋，由轮候制改为"预购租屋制度"。根据这项制度，购屋者必须经过抽签才有机会选购组屋，建屋局将95%的组屋保留给首次购屋者，购屋者必须支付首期才可以购屋，这对于真心购屋者是公平的。这一制度使组屋供求趋向平衡，避免出现严重供过于求的局面。

随着人民生活水平不断提高，住房要求也不断变化和提高，新加坡人希望改善居住条件和环境，人们不再满足于拥有的只是基本住房。"我们建设公共住屋，不只是为给人民提供一个遮风挡雨的居所，更是为了建设一个人人都能安居乐业的美好家园。"要给人民一个平等居住的机会：如果你想住在市中心，你想住在高品质的组屋，政府就要为人民创造更多可以选择的机会。

马宝山和他的同事们一起，坚定贯彻政府为人民建房的指导思想，实施行动党的目标，把国家建成一个优越的中心，每个家庭都有自己的屋子，能与世界上最好的国家看齐，成为第一级的国家。今天，他的理想早已变成了现实，而且，是通过他的手变成了现实，这对于马宝山来说，是多么有意义的一件事。

人民的好议员、好公仆

1988年，40岁的马宝山代表淡滨尼市镇集选区在大选中获胜。1991年淡滨尼集选区市镇正式成立。马宝山议员多年来接触了无数民众，他以诚心和热情积极为这些需要帮助的人服务。马宝山卸下国家发展部部长的重担后，作为一名议员依然奔波于基层组织的第一线，他服务了24年的淡滨尼市镇。

有一位因公意外受伤提前退休的警察，几乎每个礼拜都来见议员，一样的话题，讲述相同的故事，只是他一个人的文件就叠了很大一堆。工作人员已经很不耐烦了，可是马宝山还是同意每次都接见他，很耐心地听他倾诉，帮他解决问题。

马宝山对工作人员说："他来这里，不只是要人照顾，还要我们听他诉苦，我们怎么能拒绝他？"

2012年8月21日，笔者来到淡滨尼31街大牌209，采访议员接访民众的情景。刚刚7点，已经有10多人等在那里。一位先生为了公司注册改名的事情，已经来过一次了。笔者问他，工厂的问题也来找议员，有用吗？他笑着回答："工厂不能合法改名注册，就不能开工。议员亲自帮我们处理，事情已经差不多了。"

将近9点，参加完政府会议的马宝山匆匆赶来，坐在平时接见民众的位子上，翻看起桌子上厚厚的一堆材料。还没有坐稳，第一位等待接见的民众已经开了口。

秘书告诉笔者，看今天这样的情况，一个上午的时间会非常紧张，而不论多少人来，处理到几点，都要在当天全部接见完才会离开。

这就是马宝山议员24年来坚持不变的一项工作，如果没有一种特殊的热忱和执着，这样平淡又琐碎的工作会很难坚持下来。

笔者问马宝山："作为政府公务员、部长，或是议员，首先要具备什么样的品质？"

马宝山不加思索地脱口而出："Pure！"

纯洁、纯粹、毫无私心！

"一个人要从政，主要的是品质和心态，你的心态是为人民服务还是只注重个人私利。如何剔除私心，全心全意为国家为人民尽职尽责，非常重要。"

新加坡政府正是因为拥有这样一批为人民、为国家全心全意付出与奉献的政府公职人员，才有了今日的辉煌，才受到人民的拥护。

中新天津生态城建设的实施者

2007年4月，中新政府共同提议在中国合作建设一座资源节约型、环境友好型、社会和谐型的城市。中新天津生态城于2008年9月开工建设。生态城毗邻天津经济技术开发区、天津港、海滨休闲旅游区，总面积约31.23平方公里，规划居住人口35万，计划10~15年建成。

中新天津生态城是继苏州工业园之后，中新两国的第二个政府间合作项目。生态城借鉴新加坡的先进经验，在城市规划、环境保护、资源节约、循环经济、生态建设、可再生能源利用、中水回用、可持续发展以及促进社会和谐等方面进行广泛合作。

新加坡国家发展部设立了专门的工作机构，时任新加坡政府国家发展部部长的马宝山成为中新天津生态城建设发展的推动者和具体组织实施者。

中新天津生态城建设期间，马宝山数次到访中国，参与政府间协商，出席协议签署、投资洽谈、企业间合作等重要活动，为推动生态城建设做了大量工作。受国际金融危机、中国国内经济形势影响，项目实施遇到多重考验，在双方共同努力下，生态城建设仍按照最初的设想稳步推进，取得了实质性、阶段性成果。目前，驻区企业已超过3000家，双方在汽车产业、电子通信、生物制药、装备制造、新能源新材料、食品饮料、石油化工、航空航天等领域及现代服务业方面的合作都卓有成效。截至2016年6月，生产总值完成88亿元人民币，与上年同期相比增长35%以上，新增注册企业731家，新开工各类项目百万平米。接待游客超150万人次，旅游收入超1.5亿元，同比增长40%。经过近8年的不懈努力，中新天津生态城绿化面积达550公顷，各类公园20余处，当年茫茫盐碱荒滩变成了"大美大绿"的现代化生态之城。

在促进中国城市转型的同时，天津生态城建设也为新加坡企业提供了良好的投资机遇，一批有实力、有技术、高管理水平的新加坡企业进军中国市场，在天津获得新的发展空间。

任国家发展部部长期间，马宝山还多次到访中国各地，与中国政府和各地方政府加强经济发展项目的合作。其中与四川合作，促进新加坡中小企业参与中国西部开发。与中国农业部合作，加强中新农业交流与合作，推进中新吉林食品园区无规定动物疫病区项目、农产品质量安全合作，并推进中国与东盟、东盟与中日韩框架下的农业合作。

马宝山先生于2013年卸下国家发展部部长一职，他并没有停止勤奋的脚步，立刻被多家大型企业委以重任，目前他是几家大型跨国公司的特别顾问。

有限的时间和生命穿梭于新中两国，马宝山先生通过企业行为为新加坡和中国经济文化尤其是两国间的友好往来继续做出应有的贡献。

让世界走近中国，读懂中国

——访新加坡国立大学东亚研究所所长郑永年

郑永年，男，1962年生，浙江省余姚县人。1985和1988年，郑教授分别在北京大学获得法学学士和硕士学位。1992和1995年分别获普林斯顿大学政治学硕士和博士学位。历任中国北京大学政治与行政管理系助教、讲师，新加坡国立大

郑永年教授

学东亚研究所研究员、资深研究员，英国诺丁汉大学中国政策研究所教授、研究主任。现任新加坡国立大学东亚研究所所长。

新中之间是一种亲戚关系

立足新加坡，面向中国及东亚。"尽管新中两国在国土面

30

积、人口规模、社会形态等方面差异极大，但这并不妨碍两国关系发展。从新加坡的角度来看，新中之间是一种亲戚关系。"郑永年说。

新中关系是非常特殊的。这不仅是因为两国最高领导人互访频繁，更是源于两国领导层之间机制性、制度化的会面，这包括已经建立的三个副总理级双边合作机制，以及新方与中国7个省市建立的地方合作机制，"从中央到地方的各个层面，新加坡都与中国有着制度性联系，与此同时，新中之间的人员交往也日益密切。因此，新中关系是非常特殊和重要的全方位关系"。

新中两国互为重要的经贸合作伙伴。据新方统计，中国连续7年为新加坡对外投资第一大目的国，并连续两年为其第一大贸易伙伴。据中方统计，新加坡继2013、2014连续两年后，2015年前5个月仍为中国第一大外资来源国和第四大对外投资目的国。郑永年认为，单从量上来看，新加坡和中国经贸合作已经是硕果累累。中国下一阶段经济增长目标，是从数量经济转向质量经济，而新加坡也有这样的发展需求，因此两国又可以在新的领域拓展合作空间。

习近平主席访问新加坡期间，新中两国正式启动苏州工业园区、天津生态园区之后第三个政府间合作项目新中重庆合作项目。郑永年表示，这是新中商讨的结果，完全根据中国现代化发展来做，这不单纯是一个政府间的经济合作，也是一个交流学习和互相促进、相互借鉴的项目。

让世界走近中国，读懂中国

2016年8月由中国政府主办、在浙江杭州召开的G20峰会，让中国形象再度受到世界各国关注。长期从事中国内部转型及其外部关系研究工作的郑永年说："中国要充分发挥负责任大国角色，通过G20表达自己主张，让世界走近中国、读懂中国。"

掌握自己的话语权。中国已经成为世界第二大经济体。世界离不开中国，中国也离不开世界。在郑永年看来，让世界读懂中国尤为重要，"国际社会渴望了解中国，也在努力走近中国。如今，国际上研究中国的学者和研究机构越来越多。这背后正是因为中国在国际社会所发挥的作用越来越大，对国际社会产生了重大深刻的影响"。

然而，中国的一些问题总是被西方媒体过度解读，"向国际社会解释中国，是中国学者和政策研究者不可推卸的责任。中国在国际社会的作用越大，其责任也越大，中国更有必要向世界解释清楚。在这方面，中国仍然有很多的工作需要做"。

作为第二大经济体，中国怎样做到更包容，从而实现持续创新，联动世界？郑永年强调，今天的世界经济仍然脆弱，英国脱欧公投给世界经济蒙上阴影，贸易保护主义处处皆是，如何振兴世界经济仍然是最严峻的挑战。作为第二大经济体，中国既有责任也有能力来促进世界经济复苏。通过本届G20峰会，中国希望为世界经济带来新动力。同时，中国还正在通过AIIB和"一带一路"等促进世界经济的发展。作为贸易大国，中国也已经成为世界贸易自由化和便利化的大国。

知识分子的使命感和社会责任感

郑永年教授一再强调作为知识分子应有的心态。他说知识分

子就是要心怀社会，如果只是讲课、写专栏，只能是一个教书人和作者。学术文章容易写，做社会关怀就难，更不能为了写而写，要投入很大的精力研究。所以，郑教授的大部分时间都在为社会和政府的咨询工作研究和学习。

我问郑教授：我可以为你做一个专栏和微信平台吗？

郑教授说：很多人给我建议了，也有人已经做了，可是我让他们停了。

我诧异地看着他：为什么？

没有时间，现在不是宣传的时候，主要是研究，为社会和国家提供有意义和参考价值的成果和建议。

我点点头，我还能再说什么？

正气凛然、四四方方的脸，炯炯有神的双眼，智慧中透着温婉平和的笑容，他就是我认识的郑永年教授，一位有良知的知识分子、一位优秀的华人学者。

新加坡

精英篇

一心慈善　两代传承

——记发扬中华美德的赵氏父子

赵玉山，1904年出生于海南省文昌市南阳墟牛角村。10岁左右下南洋，在马来西亚槟城就读中学，毕业于国立中山大学，曾任小学校长，报社编辑、社长。而立之年赴新加坡。一生热衷慈善事业，传播中国文化，尤其在捐资助学方面殚精竭虑，在海南族群创办之华校——培群学校发展历程中贡献良多。晚年慷慨捐助海南文昌兴办教育、修路筑桥，奔波操劳，成为一代代同乡念念不忘的恩公义士。

赵玉山

赵老先生之子锡盛医生，新加坡前国会议员、海南会馆前会长，继承父志，悬壶济世外，关注基层民众民生，献身社会公益事业，身体力行传承海南文化，是新加坡海南族群的优秀代表。

为海南族群教育无私奉献

海南人素有重视教育的传统，早期新加坡海南人办的小学有十几所，上世纪60年代，绝大多数关闭。创建于1933年的培群学校几经搬迁，仅剩百来名学生，也陷于银行追债、校舍拍卖的境地。

时任董事会文书赵玉山先生心急如焚。当时他经营着一间小旅店，需担负全家老小的生计，本身没什么钱，但海南族群的传统和责任，促使他接过延续学校生存的重任。他不辞辛苦，说服、动员身边的朋友和同事，团结众人为保住培群出钱出力，集腋成裘，让学校渡过了最大的难关。

1966年，已经被推举为学校董事会副主席的赵玉山先生，开始为学校思考新的出路和发展。经过数年向政府反复申请，终于争取到在大巴窑新建学校的机会。1969年2月13日，新校破土动工，时任大巴窑区国会议员的张润志先生主持仪式。

在赵玉山董事长主持下，学校发展步入快车道。1978年发动筹款扩建新校，购置新式电子教具。1989年耗资100多万元的室内体育馆落成启用。1994年耗资近400万元的新教学楼拔地而起，现代化教室里传来朗朗读书声。

在发展基础设施的同时，赵玉山先生积极倡导尊师重教、因材施教等教育理念。1977年学校创立"优秀学生奖"，颁予五育俱全的毕业生。1983年创立"赵玉山奖"，颁予小六会考总积分相差不出5分的优秀毕业生。

2006年9月，学校获得标准、生产力与创新局（SPRING

SINGPORE）颁发的"新加坡优质学校管理奖"（SQC），同年获教育部颁发的学生品格发展奖。2007年获得教育部颁发的最佳治校奖（教学）与优异学校奖（SDA）。2005—2012年连续8年获教育部颁发的"卓越学校专长活动奖"。2011年获得教育部颁发的美育、体育、体能三项持恒成就奖。培群学校不断进步，现有2200名学生、140名教职员工，教室、音响室、实验室、电脑室等一应俱全，特别是1989年建成的室内体育馆，仍是新加坡小学界独一无二的，培群已经发展成为一所德、智、体、群、美全面发展的小学。

年近90岁高龄的赵玉山先生主动辞去董事长职务，但他关心教育的热情没有终止，仍以顾问身份关注指导培群。培群学校纪念特刊对赵玉山先生写下这样的赞誉：

先生笃实践履，大公无私，热心教育，出钱出力，任劳任怨，坚毅不屈，只顾耕耘，不问收获。本校有今日之规模，无非先生努力奋斗之成果也。先生相继获得总统颁赐的公共服务星章，及公共服务星章（勋条），可谓实至名归，受之无愧。

念念不忘故乡的慈善老人

赵玉山先生一生奉献不只在培群学校，也不只在教育领域，几十年来，他慈善的脚印一遍遍踏上故乡的土地，他关心、帮助家乡海南发展的事迹感人至深，广为传诵。

上世纪80年代初，赵玉山老先生第一次回国，就拜访文昌市华侨中学，那时的学校破旧不堪。"学校怎么能没有图书馆？"回到新加坡，他拿出自己的存款、养老金，还是不够，就动员几个子女出钱。二子锡盛陪父亲回到海南，将一家人的捐资拿给学校，建了两层楼的图书馆。建设过程中超出了预算，赵老先生又想方设法捐助，还捐钱买了图书。当年学校课室是茅草屋，赵玉山出资为学校修了水泥路。1992年学校兴建教学楼，赵玉山先生主动筹款，这位年近90的老人，不辞辛苦，四处奔波，身边的人几乎被他全部动员，其他国家的海南华侨来到新加坡，赵老先生也劝他们捐钱。四面八方的捐款通过赵玉山先生汇集而来，赵玉山本人也捐了建两个课室。

2011年12月22日，海南省文昌市华侨中学举行赵玉山行政楼落成典礼。礼炮声声、礼花飘飘中，文昌市主管文教的副市长到场祝贺，赵玉山长子赵锡强先生代表赵玉山发表了演讲。

赵玉山行政楼落成剪裁典礼现场

1998年，时年90多岁的赵玉山老先生回乡省亲（文昌市南阳墟牛脚村，今山城村），痛惜村民受土路泥淖之苦，捐资200多万元修建公路，2000年再次捐资150多万元扩建山城南路。赵玉山先生不仅出资捐款，还一次次到工地察看、督工，说服因为修路被占地或砍树的村民。那时老先生腿脚已不灵便，他挂着拐杖，一步一瘸，很是吃力，老人的身影、这感人的一幕如今仍被当地人感怀。地处偏僻的山城村通过这条3000多米长的双车柏油路与省级公路相连，北接文蓬、南抵迈众的山城路，成了墟牛脚村的致富路、幸福路，可惜大路建成一年后老人离世。

从上世纪80年代开始，他不断地为家乡捐款，兴办教育和公益事业。他带头捐款重建山城村"柳山小学"，设立教育基金（为了纪念他，学校易名"玉山小学"）；捐钱修建村委会办公室，为全村拉电线；发动海外乡亲捐款，建造文昌南阳中学图书馆、南洋烈士纪念碑；捐款筹建文昌市华侨博物馆；捐款兴建南阳医院；他筹款资助的学校还包括文昌中学、海南华侨中学、海南大学、南阳中学、清澜学校、迈号中学、名门中学、觉群小学等十几所学校……据不完全统计，赵玉山先生单为海南家乡建设捐款就超过500万元新币。

为了父老乡亲，赵玉山先生一掷千金，毫不吝啬。外人或许以为他是"大富豪"，其实老人一生简朴，勤俭持家。"早饭总是几片面包、一杯咖啡，几十年如一日。"女儿宝铃女士说，96岁高龄时，他去爱尔兰参加孙子的毕业典礼，已经要用轮椅代步，家人为他订了头等舱，可他坚持一起乘坐经济舱。

"本人离乡别井数十载，但故土之情始终未忘。近年来，乐助一点资金兴建家乡学校，不外愿望能够繁荣桑梓，振兴华夏，于培育社会一代新人有所裨益，以尽炎黄子孙之一点责任。"朴素的老人，高尚的情怀，为中国文化在新中两国的传承和弘扬贡献良多，成为社会的楷模。慈善的形象留在无数人的记忆中。

热心社会公益事业的赵锡盛医生

赵锡盛医生出身于一个传统文化家庭，父亲赵玉山老先生一生奉献慈善和社会公益事业的言传身教，成为他报效国家、服务公众的动力和榜样。他继承前辈的衣钵，发扬父辈的精神，数十年如一日为新加坡海南族群服务，为文化教育事业无私奉献，成为受人尊敬的公众人物，尤其是在海南族群中享有崇高威望。

赵医生是新加坡早期"工业医学"的积极开拓者。新加坡独立后，发展工业成为当务之急。1968年始，年轻的赵医生把家安置在裕廊镇工业区，希望用自己的才干为工人和国家服务。那时，工人福利和安全卫生保障非常不足，赵医生走访工人、平民家庭以及工厂生产

区，呼吁政府、社会尊重劳工的身心健康，工人的劳动环境逐步有了改善。此后，赵医生担任亚洲职业医学会的秘书长达10年之久，协助国际职业医学大会在新加坡召开。

赵医生不满30岁就参与社区活动。1969年，他发起倡议成立裕廊镇居民委员会，建成幼稚园、图书馆。1972年，在裕廊区国会议员何家良邀请和支持下，筹款筹建联络所，被推举为联络所管委会主席和裕廊公民咨询委员会副主席。他还参加了国际性的社会公共服务兼慈善机构扶轮社，被推举为裕廊扶轮社社区服务组主席。1980年，赵锡盛医生竞选担任汤申区国会议员，从而更积极地投身公共事业，筹款100多万元建立新的汤申联络所。

1978年，他首次获得总统颁赐的公共服务奖章PBM。

1992年，赵锡盛被推举为海南会馆会长。由他提议，将"琼州会馆"易名"海南会馆"。他主持改革会馆章程，将会长任期缩短为最多两届4年。任期内他积极为海南族群服务，发展教育事业和养老服务，团结海南族群为新加坡建设多做贡献。

近几年，赵医生热心传承海南文化，发起成立海南文化研究中心，举办各项文化宣传活动，邀请海南大学教授来新举办历史

与文化讲座，多方筹集资金，编辑出版海南精神系列丛书，目前已经出版《世界因你而精彩》第三册及《海南移民论文集》。为移民来新加坡的海南人树碑立传，不只是传承海南族群历史文化和族群精神，也是对新加坡建国历史和文化的贡献，很有意义。海南精神系列丛书的出版发行获得强烈反响，陈庆炎总统亲自题写序言，文化部长黄循财先生也给予肯定和赞扬。

《世界因你而精彩》发布会上赵锡盛（右）与新加坡文化部部长黄循财（左）合影

赵锡盛先生（左一）出席海南移民史论坛

赵医生全力建设琼州乐善居养老院，体现了对社会事业的热忱投入和无私奉献的精神。当时，海南老人院设施非常落后，无法满足需要，若要新建，投资太大，如果不能自负盈亏，资金来源没有保障，多数人觉得不可行，也有很多人反对。时任海南会馆会长的赵医生却坚持认为，社会养老是必然趋势，养老服务不仅是朝阳产业，也是功德无量的事业。他积极争取政府的支持，向国家社区青年体育部求援，申请了正在实施的社会养老计划的资金赞助。接下来，四处寻找新址，最后选定新镇淡滨尼中心，在靠近地铁和购物中心的位置。这个计划得到了淡滨尼国会议员马宝山先生的帮助。

筹款阶段，赵医生耐心向持消极和反对意见的理事会成员做工作，讲解项目的意义，分析项目前景，终于得到了多数理事的支持，老人院建设进入筹款阶段。筹款工作意外地得到王鼎昌总统的大力协助，亲自主持第一次筹款，当场筹到40多万元（当时不是个小数目）。有了各方面的支持，赵医生主持制定了超前、先进的扩建方案，利用太阳能供应热水、建立水循环系统、利用雨水浇灌花草等。如今的乐善居老人院有着一流的设施、优美的环境，更有其乐融融的气氛，服务的也不只是海南人，它向外族群开放，成了造福老人的一方天地。

发扬光大捐资助教的优良传统

如同父亲一生服务培群学校一样，赵医生"子承父业"，担任培群校董超过20年，为学校的发展做出了积极贡献。2008年赵医生获得新加坡总统颁赐的公共服务星章，这是对他多年来无私奉献教育事业的表彰和肯定。全国有300多间中小学，当年只发出一个勋章给小学教育方面的人物，是因为培群小学有着非常卓越的成绩。

有着60多年历史的培群小学，培养了一代代莘莘学子，传承着中华优秀文化，成为新加坡建设和发展的重要力量，其间无论是当年筚路蓝缕、开荒拓业的赵玉山，还是作为后来人、担任校董20多年的赵医生，都是功不可没的杰出贡献者。20多年来，赵医生倾力支持培群学校的发展，带头捐资助学，改善办学条件，学校先后建起了高标准的教室、体育馆，设施设备有了很大改变，学生们学校条件更优越，师资力量也逐步加强和提高。多年来，学校始终保持着领先的教学成绩，在华族学校中有很高的声誉。

多年来，培群学校校长都由海南人担任。赵医生做校董时，力主突破狭隘的地域观念，选校长不再局限于海南籍贯，而着重看才干和能力。这种唯才是举的态度，对培群的发展至关重要。

赵医生说，重视教育是海南人的传统，这一传统务必要发扬光大。培群是海南族群创立的学校，成绩在全国名列前茅，是对前辈最好的报答。我们一定不能辜负族群的重托、前辈的期望，要薪火相传，把接力棒一代代传下去，把培群学校办得越来越好。

这么多年来，赵锡盛医生一直活跃在传播和弘扬中华文化教育方面。他虽是接受英语教育，却对华语文化厚爱有加。他做董事长的培群学校也十分重视华语，尤其重视中国传统文化教育。学校宣传栏、墙壁甚至楼体屋檐到处写着《弟子规》训条，让学生们沉浸在深深的华族传统文化之中，对树立孩子们的人生观和价值观大有裨益。

赵医生经常说这样一句话：我们是华人，老祖宗的训条不能忘。就如培群学校的校训：礼貌、公正、诚信、荣誉，都是我们华人推崇的价值观。这也是学校建校80多年从未改变的理念和训条。

在新加坡有如赵锡盛医生这样致力于中华传统文化的一代政要，也显示了我们中华文化与文明的烁烁光辉。

追寻文化根本的原乡

——访多元艺术大家陈瑞献

陈瑞献先生1943年生于印尼苏门答腊哈浪岛，原籍福建南安。他是新加坡国宝级艺术家，也是个性独特的多元艺术家。

陈瑞献先生学贯中西，才华横溢，在小说、散文、诗歌、寓言、戏剧、评论、翻译、油画、水墨、胶彩、版画、雕塑、篆刻、书法、

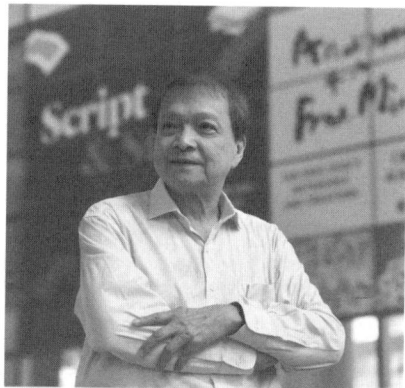

陈瑞献

摄影、舞美、服装设计及行为艺术、大地艺术等诸多领域进行艺术探索并卓有成效，成为享有世界声誉的艺术大师。

陈瑞献先生1979年获法国国家文学暨艺术骑士勋章，1985年获法国艺术家沙龙金奖章，1987年入选法兰西艺术研究院驻外院士。1998年彩墨画《大中直正》入选为《世界人权宣言》新版本

插图。2003年获新加坡总统卓越功绩服务勋章、世界经济论坛水晶奖，是新加坡获奖最多的艺术家之一。2003年，获南洋理工大学名誉文学博士荣衔。2005年新加坡国家图书馆设立"陈瑞献藏室"，2006年新加坡邮政发行11枚"陈瑞献艺术系列"邮票。

中华文化是艺术之根本

陈瑞献是华人，从小就受华文教育，他对中华传统文化推崇备至，坚信中国文化是他的根本。他通过艺术创作，在全世界广为传播华族精神，迄今已出版各类著作36种，在世界各地数十次举行个人艺术作品展及联展。新加坡建有"陈瑞献艺术馆"。中国青岛建有"一切智园——陈瑞献大地艺术馆"。

陈先生中学时除了读白话文篇章也读古文，至今仍用文言文写作。他从小就讲马来话，大学专攻英国文学，能用英文写作。多年来，他一直坚持中文写作，他认为中文是母文，爱中文是一项责任，这样一个宝藏不能丢弃。他创作用的主要工具、语言、笔墨，都来自中国传统文化的宝库。

2012年，北京全国政协礼堂举办"陈瑞献个展·北京2012"书画展，这是陈瑞献从艺数十年来首次在中国内地举办个展，他携带3年来创作的50件水墨与油彩、胶彩作品来到中国，并以此追寻自己"文化根本的原乡"。开展首日吸引了上百名艺术家、收藏家前来参观，展厅中央高1.4米、宽2.06米的油彩作品《宋庆龄像》，吸引不少观众与之合影。

"中国是我'文化根本的原乡'，中华文化是我的根。"陈瑞献在致辞中表示，从艺数十年来，接触到各种文艺理论，但最

充分地让其表达思想感情
的是自己的母语。他说：
"每当我在书写华语的时
候，总是忘不了远在汉代
竹简上那一模一样的文
字，还有在更遥远的殷商
时代那一脉相承的结构。
我用各种各样的媒体创作

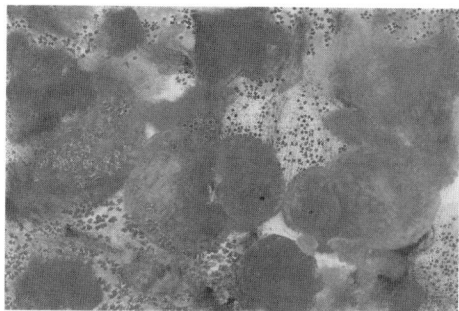

陈瑞献作品《妙乐之结》

艺术，但有一样东西不可或缺，那就是
具有'尖、齐、圆、健'四德的中国毛
笔以及与毛笔结合为一体的中华书画的
气韵观念。因此，来中国展现自己的艺
术创作，是身为华族艺术工作者一生的
愿望。"

几十年来，陈瑞献先生的艺术活动
遍布全球，不管走到哪里，他都自觉地
把自己视为中华文化的一个符号。他对
中华文明自觉的皈依与认同，正是他成
为国际画坛巨匠的思想和精神基础。

陈瑞献对弘一法师和丰子恺的艺术
颇为倾心。他说："丰子恺是弘一法师
的弟子，是一个领悟力表达力至高的作

陈瑞献作品《卓别林
涂鸦像》

家、漫画家。他主要的特长是文学的感
觉敏锐与意象丰富，一般先有一个好意念、一句好诗、一行美
文、一个平凡的生活片段之后，才用风格很简约的构图将它表达
出来。意笔草草如日本的竹久梦二，也像一方方齐白石的印文选

得好刀张又恰如其分地篆刻小闲章,寓意深长。"在陈瑞献策划的广洽纪念馆,馆藏的丰子恺的书画之多,可说是海内外之冠,因为丰子恺与广洽法师情同手足。丰子恺有一张给广洽法师拂暑的扇面,画一对姐弟笑哈哈扛着一个跟他们的身体等大的大西瓜,上题"种瓜得瓜",他用童心、用藏书票的小格局来弘扬高深的佛理。丰子恺的《护生画集》一共画了八册,全部由广洽法师在新加坡出版。《护生画集》第一、第二册是丰子恺跟弘一法师合作,弘一法师题词,丰子恺画画。《护生画集》警世的味道更浓,但仍充满了一种天真烂漫的色调。

陈瑞献深情地说:"我是华人,我从小就受华文教育。我大学专攻英国文学,能用英文写作,我在法国大使馆用英法华文工作,我从小就讲马来话,但是中文不能丢掉。中文是我的母文,我很少用外文写作,坚持用中文写作,这是我的选择。中国是我的文化祖国,这跟政治上的国籍与认同没有冲突。"

1993年,《陈瑞献选集》由中国长江文艺出版社出版并引起轰动效应。这套选集包括"诗歌·寓言卷""散文·评论卷""小说·剧本卷""译著卷"和"美术卷"五卷,洋洋百万言。对于各方面涌来的赞誉,陈瑞献谦虚地表示:"这是一棵古老崇高长青的文化母树,对一株远播在异地生长的子树的赞美,我深受感动。这是自然的,因为只有襟怀宏大,才能对出现在周围以及在任何角落的美事发出赞叹。赞誉总是提醒我在学习与创作生涯中一刻也不能松缓。"1996年,陈瑞献应中国画研究院、广东画院和湖北省美术院之邀,为《世界华人画家三峡刻石纪游》写出了一篇气势非凡的序作,被誉为"千古绝唱"。1999年10月,在中国现代文学馆开馆之际,陈瑞献又设计和绘制了一对高3米的景德镇青花瓷瓶,分别陈列在文学馆正厅两侧。瓶身上

烧制着中国及世界各地5000名华人作家的签名。为表达对先辈作家的敬仰之情，策划者还征集了鲁迅、茅盾、郭沫若、老舍、曹禺、沈从文、胡适、梁实秋等文学巨匠的签名真迹。2000年，陈瑞献应邀到陕西省黄陵县，以古文为黄帝圣诞撰写《庚辰年黄帝圣诞志》，并将志文的草书手迹，镂刻在一块重15吨、高2米、宽2.1米的泰山五彩石上，放置在黄陵的神道口。陈瑞献以典雅的古文、象征的手法撰写的志文，表达了炎黄子孙对元祖的感恩，他在结尾处写道："巨灵轩辕，护我辈身正，佑我辈心光。炎黄子孙大势俱足，仁智兼焕，心灵创造与日月共灿烂。"当黄陵县人民政府向他颁发荣誉市民证书时，陈瑞献说："不论我走到哪里，我都是炎黄子孙。"

在中国，最让陈瑞献魂牵梦绕的，是2001年5月开始建设、位于山东省青岛市小珠山风景区的全球第一座大地艺术馆"一切智园——陈瑞献大地艺术馆"。它标志着新加坡华人艺术家这株远播在异地生长的子树，已经完全获得中国这棵古老崇高长青的文化母树的认可和赞美。小珠山是胶州湾西海岸最高山峰，海拔724.6米，呈东南—西北走向，长约13公里，宽约8公里，面积104平方公里。这里层峦叠嶂，景色秀丽。有望夫山、石老山、大庵山、釜台筒、大黑涧等40多座大小山峰，有青蛙石、观音石、大肚佛、元宝石等奇石。山峰奇险壮观，山石奇特形象。"一切智园"即"一切智慧的园林"。全园游览路程8公里，分"菩提心路""善知识界""正觉顶峰"及"华藏风光"四个部分。在保留山区自然生态原貌的基础上，由陈瑞献以摩崖石刻、雕塑的艺术形式，主创200多件艺术作品。"陈瑞献大地艺术馆"以中华笔墨与现代艺术语言，阐释了全人类的文化经典，让石刻融入山体，山体融入大地，大地融入宇宙，从而构成东方文化的一大艺术奇观。

　　陈瑞献找到了民族文化的根，正如他在《庚辰二月二"龙抬头"致祭黄帝陵》的诗中所写："今天，我带着满身的黄土/从四面八方飞来拜您/大灵魂的祖先啊/没有您就没有一条龙叫中华/没有一种感情有黄色的皮肤/没有一种怀念叫文化"

多种艺术形式融会贯通

　　对陈瑞献来说，各种形式的艺术是相通的。他能以画笔写诗，也能以诗笔作画。于是，我们看到他把一首诗和一则寓言的意念，转化为一幅画，再把一幅画的构思，转化为一座雕塑；或者让一幅画成一首诗的出发点，或让一首诗的某个着重点变为一个雕塑。如此往返自如地创作，让他更享受创作的乐趣，也让他的思想、艺术有了更强大、更强烈的感染力。

　　这是陈瑞献迥然异于一般艺术家的独到之处。

　　让我们看看他是怎样在夏威夷的海滩漫步时，面对浩瀚的大海，构思出一则寓言及一幅油画，然后又从这则寓言与这幅油画延伸，设计了一个雕塑奖座。

　　在夏威夷，陈瑞献以海鸥、玫瑰为寄托，创作了《花鸟》这篇寓言故事。寓言的含义是：要表现海洋多种蓝色调的胜境，最好画画；要描绘海风中男女头发和心灵的颤动，最好写诗。

　　接下来，艺术家创作了油画《诗之战栗》，他用色彩把花和鸟的对话画了出来，完成了这幅高209厘米、宽307厘米的巨幅油画。

　　后来这篇寓言《花鸟》，被他变换成一座铜雕《花踪》。要把《花鸟》从文字以及平面的表达，转变为立体，即在一堆泥土中寻找花和鸟的踪迹，陈瑞献动了一番脑筋。如今，雕塑《花踪》不但是马来西亚华文文坛上最高的文学奖项与荣誉，也是备受世界华文写作圈瞩目的一个文学奖的重要标志。

这个事例让我们看到，陈瑞献是如何游刃有余地游走于各艺术门类之间，互借题材，汲取灵感，利用多种艺术形式的特长、特点，最恰当、最形象、最有力地表现文学的意境、思想的多元。

陈瑞献的多栖艺术才华和创作成就，一般读者、公众或许不能充分了解、评价，不过，陈先生的艺术创作其实离普通大众很近。如果你路过新加坡最有名的地标之一——牛车水地铁站，就可以一窥陈先生诗与书的创作面貌和才能。

是的，牛车水地铁站里大气磅礴的壁画作品《凤眼界》，及地面上的书法对联，就是艺术大家陈瑞献的作品。

那幅壁画位于地铁站大厅，表现的是新加坡早期华族移民的故事。画中心是一只凤鸟，色彩饱满，满室生辉。分别由两对七字对联和一对四十字的对联组成的楹联，以书法方式呈现在大厅和月台地砖上。陈瑞献解释："诗是壁画的注脚，画是诗的图解。"

大厅墙壁上的楹联是：

> 星云舞绕河南转，赤道歌萦海岸奔
> 谐合建筑驱惨影，断乱荒原起万华

地铁站月台地砖上的楹联是：

> 运舟汪洋，顿失乡井，南天通云路，必要必可能，信之能无所不能，扛鼎负米，垦营拓荒，苦力连篇说史乘（上联）

系命小岛，永固客都，凤韵满全城，求存求美好，在乎好万事更好，兴家办学，结社建国，牛车四处忆街坊（下联）

无论是作品的创意，还是书法的功力，都会令人击掌赞叹，这些中华文化的精华在陈瑞献的作品中烁烁闪光。

艺术家是孤独的，但不寂寞

有人问：新加坡这个地方很小，这样做艺术，有时候会感到寂寞吗？陈先生答道：寂寞跟地方的大小没有关系。如果你的寂寞是指孤独，那么，亨利·米勒说："艺术家需要孤独。"如果你是指心灵空虚，心情落寞，那么，贾可梅提说："我从没想到什么是寂寞，以前在工作时是这样，现在也不会想。"一个人为什么会寂寞？主要是因为人生没有目标、心灵没有寄托，跟独处或群居没关系。竹旺仁波切洞穴禅修40年，只吃花朵度日，你说他寂寞吗？

陈先生认为，创作的时候若有障碍，那不单寂寞，而且会很烦恼。如果这两个因素都没有的话，那就不可能寂寞了。陈先生天天到画室，不一定就是画画，他有很多事情做：跟一条小小的昆虫说说话，跟一只壁虎说说话，然后，看看窗外一些奇怪的存在。在这间画室，过了晚上10点半，所有的画家都会离去，留下他一个人跟安静在一起。陈先生说，安静和孤独会起很好的化学作用，安静是通向隔开现实围墙上的入口。

陈瑞献身上永远透视着中华文化曲径通幽、宁静致远的最高境界！

从工业园到互联互通的与时并进

——访新加坡东亚研究所黎良福教授

　　黎良福教授，在新
加坡东亚研究所，主要
研究中国的经济发展，
他对习总书记提出的一
带一路战略举措甚为赞
赏，他的许多研究成果
和案例，让他对今天的
"一带一路"分析到

工作中的黎良福

位。从中新苏州工业园到中新天津生态城再到重庆项目，都紧紧
跟随，深入调查，总结经验。

　　黎教授说，当一些国家还在思考中国一带一路创举的细节，
甚至希望在评估优点后才要做出决定时，新加坡却早已公开表态
支持这项政策，并及时找出了一些可以配合的可行性项目。

　　关于海上丝路，新加坡总理李显龙先生在2014年曾说，如果新
加坡可以加强"跟邻国合作，特别通过海上丝路，我们希望新加坡

可以用新加坡的港口与机场网的服务做出部分贡献"。换句话说，新加坡看到海上丝路的新机遇与未来的成长，并认识到新加坡在运输、物流、海事与金融等方面的重要地位。

关于丝路的经济带，新加坡也一样大力支持。2015年11月中国国家主席习近平先生对新加坡的国事访问期间，两国政府宣布他们会在重庆进行国对国的双边投资，这个计划被命名为"中新（重庆）互联互通营运中心"，一个具有标志性的策略性计划。此创举符合了中国要通过"一带"去推动内地地区发展的策略。

新加坡的前瞻性策略显示了对中国给予的机会的积极主动，新加坡做事以一贯性著称，而不是目光短浅、浅尝辄止。重庆的互联互通是新中第三个政府对政府的合作投资工程，第一、第二个分别是苏州工业园和天津生态城。这些政府对政府的工程有性质上的改变，反映了新加坡一直不断努力发现和中国合作的新机会。

苏州工业园

黎教授回忆，新中这样的合作模式可以追溯到1978年11月邓小平先生首次访问新加坡。当时邓先生回忆说，1920年的新加坡还是一个贫穷的渔村，他对新加坡在短短几十年中，社会经济方面所取得的进步与繁荣深受感动，留下良好的印象。从那时起，他就一直对新加坡的发展保持浓厚的兴趣。

14年后，1992年邓小平选择以新加坡作为中国发展的模式，因此使得新加坡在政治和思想理论基础上可与中国继续合作，也就引发了新加坡向中国投资的热忱，同时中国也增加了对新加坡的访问。单单在1992年，来自中国的访问就超过400团次。他们要了解新加坡在取得经济高速进步的同时，是如何建立良好的社会次序。

这种亲密交流的结果，使得时任国务资政李光耀先生提议两国政府一起参与合作实际项目的想法。这就是后来建立的新加坡苏州工业园（SIP）。这样新加坡就可以更好地和中国分享他们在经济管理和公共行政上的良好经验。

新加坡工业园的出现是相当偶然的，被看作是新中两国在政治因素上的一种偶然交会。在中国这方面，邓小平对新加坡的经验始于他1978年间的访问。1992年，他对新中这个合作模式给予大力的支持。

从新加坡这方面看，新加坡工业园让新加坡进一步把区域的投资策略多元化。较早的时候，1989年，它已建立了新加坡—柔佛—廖内的成长三角区，1990年建立巴淡民都工业园，1993年建设民丹工业园，1993年还有无锡–新加坡工业园。1994，新加坡苏州工业园的开展是另一项区域投资策略的延续。不过不像前面的几项计划，大致上都是私营的，而新加坡苏州工业园却是一项政府对政府的合作计划。

1994年，新加坡工业园初始的计划是发展一块70平方公里的工业、商业和住宅的混合园区，园区就在旧苏州城东面，通向上海。另一方面，这个园区跟其他的工业园没有差别，还是由市场经济来决定它的生存。

SIP跟其他工业园的不同点就在它是双方政府所推动的。这个因素非常重要，因为SIP涉及新加坡对中国的软件转移。所谓软件貌似无形的东西，其实主要的就是新加坡的法律、规则、条律、工作流程与制度，最重要的还是价值观以及官员解决问题的态度。那些软件在促使新加坡于1965年独立后的快速社会经济发展中形成了很重要的基石。为了要让中国分享它的经验，新加坡要和中国共同发展新加坡苏州工业园。这种实际的工作参与，在一段时间以后，会比较有效地让新加坡把经验分享给中国。

对于园区的居民，要强调的是提供便捷的措施，培养归宿感和建立一个绿色的良好居住环境。对于这一切今天看来已经基本实现了。

同新加坡的合作，除了它的良好声誉，中国通过采用具新加坡基因的软件转移，达到吸引国际投资者的目的。今天，新中这样的软件转移依然在继续。根据官方的数据，从1994年到2015年11月，新加坡为中国训练了3188人。训练课程专注在以下的领域，如国外投资及合作、国际贸易及金融、工业构架的提升及效绩，还有社会福利的管理等。只要中国方面觉得有价值，新加坡便及时提供这一系列的软件转移。

天津生态城

天津生态城工程是新加坡吴作栋资政在2007年4月访问中国时向时任中国国务院总理温家宝提出的，并得到温总理原则上的同意。2007年11月，双方签署了一项发展生态城的草案合约，接下来在2008年9月举行了动土仪式。

生态城的憧憬是建立一个蓬勃发展的城市，社会和谐，环境友善和资源有效利用——一个能容纳持续发展的模式。这个被称为"三和谐"的模式，就是强调人与人之间的和谐、人与经济活动的和谐、人与环境的和谐。

30平方公里的天津生态城主要包括了盐田、荒地和污染的水道以及一个2.6平方公里的废水池。很明显，这个决定要给出的信息是避开把工程建在宝贵的可耕土地及来自促使大量居民涌向城市的挑战。工程建在非耕地和缺水的地方，说明这个工程可以通过现有的技术与能力克服这些方面的局限。

天津生态城的目标是要建立现代的友善生态环境。一些设下的主要指标必须遵循，如所有的建筑必须符合绿色建筑评估的准则，取得符合两国绿色评估的综合证明。每个公民的绿色空间不能少于12平米等，这也是现在中国的标准；而所有来自水龙头的水必须是可以饮用的，这是新加坡的标准。为了保证低收入层的人民也受益（不要成为只服务富裕及有影响力阶级者的特区），生态城的另一个目标就是必须保留最低20%的居住房子是可以负担得起的公众房屋。

事实证明天津生态城正在稳步走向成功。

重庆的互联互通创举（CCI）

新中第三个政府对政府项目来自中国的张高丽副总理，是2013年10月他来新加坡出席第10次两国双边合作理事会会议时提出的。这是一个监督两国合作的高级别机构。过后，双方又在2014和2015年的第11和第12次联席会议中继续讨论。这个落地在重庆的工程在2015年11月习近平主席访问新加坡时做隆重宣布并以此纪念新中建交25周年。

黎教授说，重庆物流营运工程，如前面的两个政府对政府的计划，必须是商业上可行的工程。但，不像苏州工业园和天津生态城只建在苏州和天津，重庆的营运计划强调的是跨边界的和注重于建立现代化的营运连通及现代化的服务。换句话说，焦点是在于建立高度互联互通系统和提升特定工业的合作。

在CCI的框架下，四个合作的优先领域已被确定，那就是金融服务、航空、运输与后勤、资讯与通信技术。这些领域是新加坡的强项，也是中国希望积极发展的。

双方在2016年9月的第二次执行委员会会议上，讨论并拟定了一个重庆运输与后勤的草案总蓝图，清楚说明要发展重庆成为中国西部多元投资中心的前景。提议中的总蓝图也包括资讯连通，这是一个非常重要的工具用以改进区域和全球性贸易的后勤效绩。在金融这一块，已经被证实新中签署了高达美金60亿（新元81.6亿）的金融服务配套，这个数据是从2015年11月园区开创时算起。航空业方面，樟宜国际机场正与重庆机场集团商议如何管理重庆的非航空生意包括零售、食物和饮料、贵宾区、停车场、免税店以及广告。

不同于前面的两个工程，CCI由中国提出，新加坡也发现紧密地参与中国新一期的建设可带给新加坡新的机遇和价值。主动和务实地继续寻找机会对新加坡的经济动力与活力是极其重要的。

我们在访问黎教授的时候，谈了很多关于新中双边的发展及未来，我觉得黎教授深深了解近年来新加坡和中国在经济贸易方面的合作与连通，于是为读者呈现这篇文章，以期更多更好地了解新中两国的共同发展和友好未来。

善心奉献　济世为怀

——记善济会主席卓顺发

拿督斯里卓顺发先生，20多年坚持从事社会慈善事业，以无限爱心奉献大众，受到各界赞颂。2015年荣获新加坡总统志愿服务及慈善事业奖。

新加坡总统陈庆炎博士（左一）在文化、社区及青年部长傅海燕女士（左三）的陪同下，颁奖给卓顺发先生（左二）

几年前就听说了卓顺发先生的事迹，那时正值汶川地震赈灾捐款，朋友告诉我，卓先生筹建了7所希望小学和一座桥。我先是吃惊，过后也就慢慢淡忘了。最近听朋友说卓先生后来又多次到访这7所希望小学，并和部分学生一直保持联系，鼓励学生们成长，我忍不住又产生了访问他的想法。这一段时间，他管理的慈善中医诊所——善济医社不断发展壮大的消息也频频传来，我着急地开始让朋友帮助约见卓先生，不料朋友一个个婉拒，说法倒是一致：卓先生很忙，而且不喜欢受访。

广东花城出版社委托我编著此书，给了我又一次机会。我以向中国传播新加坡的慈善事业的理由，终于得到了卓先生接受访问的回复。我开始查

卓顺发主席与四川灾区学生合影

阅有关他的背景、事迹，善济医社的资料，做好采访前的功课，开始一步步了解、认识卓先生。

卓顺发先生幼年时家境贫寒，不得不辍学就工。经过多年打拼，白手起家的他创办了享誉东南亚的家具品牌——罗敏娜，并上市成为挂牌公司。事业巅峰之际，他却淡出商界，投身公益事业，传播大爱，服务大众。2008年，服务贫困大众、施医赠药的善济医社处在艰难困境，卓顺发接受董事理事会委任，毅然出任医社义务执行主席，不领取分毫工资，担负起振兴与发展"百年善济"的重任。

在卓顺发先生的带领下，善济医社迅速发展壮大。2012年医社在后港开设第一间分社，李显龙总理主持开幕典礼。短短几年中，善济医社扩展到拥有12间中医诊所、两间康乐中心。第11间惹兰加由分社，2015年12月27日再次邀请到李显龙总理主持开幕典礼。

善济医社目前共开设12间分社，每日看诊人数约1000人次，其中两间康乐中心（盛港南康乐中心和文礼康乐中心）至今也服务了上万名居民。中心设有流动图书馆、康乐游戏及多种保健与

运动课程。医社还参与多项关怀与分享活动，已经分发了2.5万多把防晒多功能雨伞和几千份日常生活用品礼包给年长者。宏茂桥大牌214新分社即将投入服务，预计全年内科、针灸和推拿看诊人数将增至34.5万人次，费用需500多万元。

2017年，善济医社预计开设3间新分社，一间在榜鹅北、一间在摩绵，另一间在甘巴士，分社总数将增至16间，估计看诊人数为50多万人次，全年费用估计大约600万元；2018年分社增至20间之后，全年看诊人数将达68万人次，费用估计800多万元。

卓顺发主席希望：善济医社不仅仅是施医赠药的中医社，更是传播爱心、传扬"以善为乐"的平台。这也是他20多年来，积极行善、坚持行善的准则。

卓顺发先生大力提倡善济五大文化价值观——宽容、大爱、慈悲、感恩和祝福，并配合国家建设，创造和谐社会。他常说，有国才有家，家和万事兴，只有善与国同在、济与民同心，社会才会越来越美好。支持福利事业，积极参加各社区、团体、联络所等的慈善活动，是回馈社会的一种重要途径。

卓顺发先生将慈善做到了极致，这是公众对他的评价。他不以善小而不为，热心帮助身边的人。拥有百年历史的善济医社发扬乐善好施、扶弱济贫的传统美德，不分阶层、种族和宗教，施医赠药，造福人群。近年来，通过善济这个平台，参与慈善服务的义工越来越多，有人捐钱从不留名，有的自己捐钱还帮助筹款，从不求回报。

"我的目标是在整个新加坡开设20间分社，筹集2000万元用于重建总部大厦以及日常运作基金。"卓顺发说，"很多老人因为路途遥远、行动不便等原因，不能及时和方便地就医救治，希望增设更多的分社，能让年长者避免交通来往的麻烦，能够节省时间，更方便地获得医治。未来还希望把善济医社的中医医疗系统服务带到中国，让更多中国的老百姓受益。"

卓顺发行善，并不局限在新加坡。在中国、马来西亚、泰国、日本、不丹等国家和地区都可以看到他做慈善的身影。2008年，中国四川汶川发生大地震，造成巨大的人员伤亡和财产损失。卓顺发闻讯，在短短的7天里发起"让爱川流不息"赈灾筹款活动，举行大型电视慈善义演。相关活动得到政府、媒体以及社会各界的大力支持，最终为四川灾民筹得1000万新元的善款，并在四川灾区筹建7所"中新友谊小学"及一座桥。

如今太多的人汲汲于追逐名利，卓顺发却早已参悟到人生的真谛："给你再多的钱和权，也买不来生命、健康和幸福。"卓先生认为"生命是无常的，只是一瞬间一刹那，生命就是当下。当下就是原谅、宽容、慈悲、大爱、感恩、付出、贡献、祝福、承担、放下和接受，感恩生命的存在、价值、内涵与意义"。

他希望善济医社不仅仅是济困治疗的慈善机构，更是传播爱心、传扬"以善为乐"的平台。"众生知感恩，而天下安宁；众生知自觉，而天下太平。"这是他常常说的一句话。20多年来，卓顺发在慈善事业方面成绩斐然，多次获得官方机构和民间团体的肯定与赞扬，获颁慈善荣誉奖章，去年荣获2015年总统志愿服务及慈善事业奖，2016年更是荣获新加坡人民协会颁发的25年长期服务奖，以此表彰他对慈善事业的热心贡献。

善济社内景图

2016年8月，中国政府召开全国卫生与健康大会期间，健康话题成为关注热点，国内主流媒体新浪网财经频道专门报道了卓顺发先生的事迹，称赞他"将中医治疗与保健养生结合起来，倡导健康幸福的生活，提升与促进中医药的发展，并持续参与慈善与救济工作"。

在这里，我还想说一说访问卓先生那天的所见所闻。

被外界"册封"为新加坡红灯区的芽笼36巷口，坐落着卓先生的善济医社总社，他的没有薪水可领的办公室也在此处。

2016年8月29日早上，我比卓先生早几分钟到达办公室，正好有时间参观会议室，应该也兼做接待室。

整个房间都摆满……医社捐给其他机构的样本，琳琅满目的还有媒体报道的图片和慈善活动的照片，满满的感恩尽在其中。

卓先生准时到来，还没有坐定就说：

"我们还是先去下面的诊所看看，给你感觉一下，就比较容易介绍了。"

一边说着，我一边跟着卓先生下楼。

楼梯很窄，是建国前的旧建筑，台阶也破损，我跟在卓先生的身后，忽听他说："谢谢！"我看到转角处一位年轻人让路躲在一边，卓先生侧着身笑着便快速走下去。

我在想，一位普通职员为领导让路，是不是不必说谢谢呢？卓先生在这样的小事上也尽展谦卑。

诊所很多人，不只是座无虚席，还有几位站在一边等候。

我和在这里服务30多年的李医师和何医师简短地交流，因为病人太多，实在不能耽搁他们的时间。

几位患者看到我，主动上来和我说话。记得最清楚的两位阿姨，一位60多岁，一位应该近80岁了。两个人共同的话题就是这里的医生看病好，不但态度好，更是医术高。年长的还特别说，她在这里看病10多年了，那时候她因为过敏看过很多医生，效果不好，有位朋友介绍何医师，一次就见效了，她接着看下来，全好了，以后就不再去往别处了。不管什么地方不舒服，善济医社就是首选的医疗所。

我特别问她：会不会是因为价格便宜？

她笑起来，两位患者同时回答我：不只是因为价格，医术也高，态度又好，好像在自己家里，就是愿意来这里。

好朴素的语言，好实在的赞扬："就是愿意来这里！"

眼前的一位位病患在静静地等待着，没有局促，没有急躁，踏踏实实的神情，我已经不需要再采访询问，他们一定与两位阿姨是一样的感受。

接下来，我和卓先生谈得最多的是有关慈善的理念和未来的发展。他说，非常感恩新加坡政府和各机构给予他慈善事业的支持，善济医社未来一定会大发展，他担心的不是做不到："我已经有一套办法，可以用21天建立一个诊所。"

"我最希望的是，全社会越来越多的人支持！"

卓先生说，慈善的理念和行为是一个社会和国家文明进步的标志，他希望通过善济医社这个小小的窗口给社会大的影响力，真正帮助政府解决一些切实的问题。社会发展不平衡是正常的，通过慈善缩小不平衡，让全社会和谐相处，其乐融融，是他所关心并尽力为之的。

他呼吁全社会都来关心下层：下层毕竟是少数，只要大家都有心出一把力，社会就会越来越好。

卓顺发先生笑笑的样子，平和、低调，没有任何的张扬。看看他的成绩，我想，我也要成为一名慈善人，才没有白白访问卓先生。他的时间是多么宝贵，因为，他每一天要为1000多病患解除痛苦，正如卓先生所说，一家四口人，帮助一个人就是帮助一个家庭，甚至还有其他相关的家庭。所以，不能因善小而不为，一个小行动可能会有不可估量的影响。我想这就是慈善的意义吧。

加油！卓顺发，你一个人已经带动几千人了：2014年刚刚启动善济医社的时候只有两位医师、两位前台负责登记和配药，两年后的今天已经有大约160位医师、推拿师、登记配药员、行政工作人员等在全国20多家诊所服务社会大众，星星之火已经燎原。

2016年9月26日下午出席卓顺发《感恩》新书分享会，不仅仅聆听了他的真知灼见、人生感悟和开示，更有机会和他谈起慈善未来的发展。他说，他会把善济医社做到中国大陆，善济是我们华人前辈创建的，应该让它"回家"。

这个词——回家，听起来简直太舒服了，我相信，我们都等着了，等着和善济一起"回家"。习主席的"一带一路"倡议，为善济医社的发展和回归创造了绝好的机会。

卓顺发先生的慈善之花定开遍中华大地。

我就做那个推动的人

——访新加坡华族文化中心总裁朱添寿

推动汉诗

朱先生父母来自中国福建，据他说，"朱添寿"这个漂亮的名字犹如"添财、添丁、有财有裕"等，是许多南来移民给孩子取的名字。添寿，是父母给予孩子的最大的爱。

办公室中的朱添寿

朱先生上学就读的是华校，这也是新加坡的特色——华校英校并存。华校大部分是华人设立的，由华社领袖、成功人士及普通大众集资捐款而建，也有宗教团体创建的。

朱先生目前是新加坡全球汉诗总会的负责人，这两年他的业余精力比较多地投入在此，从去年开始出版年度期刊《新洲雅苑》。推动汉语古诗词创作，并宣传普及古典诗词知识，在新加坡是一件难度颇大的事，但出于对诗词多年的热爱之情，基于对中国传统文学的热衷，他还是很有热心和信心，当然，更多的是一种责任感。

也是机缘巧合，也是志向相同，他们遇到新加坡国立大学中文系教授林立。林教授的出现，为汉诗总会带入新鲜的血液，他们推动每月一次的雅聚，与学生和老师共同分享写作心得。

中国古诗词是中国文化艺术的精华，不容易在公众中普及，成为大众艺术。今天的社会，尤其是新加坡，不可能期望有太多的诗人、太多的诗词爱好者，因为时代背景变了，人们交流的媒介变了，汉语本身也发生了变化，如新诗的出现等。而在新加坡，古诗词面临的最大挑战，是双语环境中，生活工作的语言不是华语而是英语。

在现实的挑战面前，朱先生和他的同仁没有却步。

"只要有人喜欢，我们就组织大家一起形成一个学习的环境，让大家有归属感，继而产生凝聚力，汉诗总会就是诗词爱好者的学习之家。"朱先生的话朴素亲切，从他身上看到的是坚持和热爱的精神。

朱先生常常对学员和诗友说，不要说学习古诗词难，世界上那一门艺术是容易的？宝贵的东西一定不是轻而易举、唾手可得，学习古诗词贵在坚持。他不断给大家鼓励，通过举办导读会、诗词朗诵、古诗词鉴赏讲座等活动，吸引和激发大家的兴趣。

我笑着问他：您的动力是哪里来的？

"一开始就知道这条路不好走，这恰恰坚定了知其不可为而为之的信念。每个人都说难就没有人做了，可是看到身边有好多志同道合的诗友，大家心甘情愿，乐在其中，共同的志愿让我们团结在一起，互相鼓励下，就要尽力为之。"

"做任何事情都要有人推动，我就做那个推动的人。"

"我就做那个推动的人"，这句话好简单，却让我深深感动。

"是打地基的工作，等到时机成熟，就扬帆起航了！能走多远就走多远，就是往前走！"

是的，朱添寿先生领导的汉诗总会已经开始走上轨道，现在会员活跃的已近100人，而喜欢和关注的人越来越多，这个圈子的影响也在逐步扩大。

发扬华族文化

朱添寿先生目前还是新加坡华族文化中心的总裁，负责着新加坡华族文化的传承、建设和发展。

2014年3月31日，为新加坡南洋艺术学院掌舵超过十载后，朱添寿先生正式离任新加坡南洋艺术学院院长一职。朱先生于2003年进入新加坡南洋艺术学院任职。十年间，在他的执掌和管理下，南洋艺术学院规模日益扩大，学术水平不断提升，完成了新校区的建设和旧校区的搬迁，全日制学生人数从1600名上升到2500名左右，现在每年还有约8000名儿童和在职人士参加学院的业余兼职艺术课程。朱先生力主推动设立东南亚艺术研究所和资源中心，对提升东南亚艺术的学习、教育以及研究水平功不可没。在南洋艺术学院发展过程中，朱添寿先生的重大贡献将留下浓重一笔。

离职南洋学院后的第二天，朱添寿先生即在4月1日出任新加坡华族文化中心首任总裁。当时新加坡宗乡会馆联合总会发布文告说，朱添寿将负责中心项目及未来方向的规划，推动中心的发展及管理。

朱先生坦陈，这样一个位置和责任，是他真心希望做好的一件事。华人占新加坡人口的70%以上，传承和发扬华族文化是国家的责任。他说，新加坡华族文化中心希望鼓励并催生本地艺术作品，加强多元种族、宗教和文化的融合，延续新加坡的和谐与发展，"中国文化中心，和将于年底竣工的新加坡华族文化中心，在推动两国文化艺术交流方面可以扮演重要角色。我希望在文化方面能促进两国人民更深一层的互相了解，认识文化上的异同，互相尊重、学习"。

在谈到未来华族文化中心的发展时，朱先生说：该中心旨在继承并发扬传统华族文化，结合当地多元种族和谐共处的精神，推动当地华族文化的发展。他表示，新加坡是一个华人为主的移民社会，与中国文化有着血脉的牵连，但随着时代形势的发展，及环境的日益更新，新加坡将逐渐发展出具有本土特色的华族文化。

一贯理性、沉稳的朱添寿先生，此时掩饰不住那神采飞扬的神情。

我的"华族"情结

——访新加坡华裔馆馆长游俊豪

2016年12月10日，我出席游俊豪教授在新加坡国家图书馆的新书发布会，立刻被游教授的华文诗歌吸引，一位出生在南洋的华人，以英语为主要工作语言，却从12岁开始写华语诗歌。发布会上了解到，他也是东南亚研究华人移民历史的专家，著有《移民轨迹和离散叙述：新马华人族群的重层脉络》一书，从国家、侨乡、文学等方面考察新马华人，被誉为东南亚华人研究的一部力作。为撰写编辑此书，他走过

办公室中的游俊豪

中国东南沿海多个城市和乡村，而且在广东番禺和信宜做了深入调查，令他的研究生动又翔实深刻。

我当即决定访问他。

南洋理工大学中文系的主任办公室简单明亮，窗外正好面对一个花园，一片葱绿。

房间不大，一张办公桌，一个书橱占据了大半个房间。我刚一坐下来就进入了话题。

"主任，讲讲你的故事吧，你的华文、华人、华族文化及历史的情结！"

游教授有些腼腆地笑着，递给我一本《新马华人族群的重层脉络》。落款：上海三联书店，从出版社来看，这是一本有分量的书。而且书的封底有华族历史研究重量级学者王赓武教授推荐语，这正是我想访问的。

华人一定要懂华语

游教授说，在报读小学一年级的时候，需要选择语言。这是马来西亚教育的一个特点，学校有国语也就是马来语和华语之分。

当时的华语学校是由华侨领袖或华族社团建立起来的，是许多华人家庭为孩子首选的学校。

"马来西亚的国语是马来语，所以我们从小就必须学习马来语语文。或许是那时候年龄太小的缘故，不懂得妈妈为什么为我选择华语学校，因为这不是国语"。

"妈妈，为什么我要报读华文的学校？"游教授是家里的老大，也没有兄弟姐妹开先例，只有问妈妈。

妈妈拍着他的脑袋笑着说："傻孩子，我们是华人，一定要懂得华语呀！"

从这一天起，我就明白了，我是华人，我要懂得华语！游教授说，就这样开始了华文学校生涯，当然也就开启了华文学习历程。

游教授说这个故事时，眼睛看着窗外，我感觉他陷入了回忆。

祖国在我心中

游教授读硕士的时候，历史学家陈绿漪影响很大，陈教授进一步影响他通过历史研究文学，这就逐渐形成了游教授自己的研究风格，为他日后以独特的视角写出《新马华人族群的重层脉络》奠定了理论基础。

游教授说，那时候他开始接触许多现代文学史上的重要作家，比如郁达夫、胡愈之等。透过文学看历史，透过历史看文学。

"那时大量的阅读，让我自己仿佛进入了三四十年代，整个人都沉浸在那个文学和历史的时代。感觉自己已经和郁达夫、胡愈之生活在一起。看到他们内心作为华人经历的国破家亡的痛苦和无奈，抗争和流俗，一种多重身份特征，让我也更加多地去思考。"

游教授突然看着我说："后来读博士的时候发生了一件很惊险的事情！"

有一天他在大学里走着，绿荫遍地，走着走着突然感觉眼前一道闪电，他眼中的物品全部分成三个部分，上面的部分向左边跑，中间的部分不动，下面的部分向右边跑。一个声音在耳边：

"我看着你看到我的车，以为你不会往前走过马路了，你还在走。"

游教授被车撞了。

上半身在破碎的窗玻璃内，下半身搭在车头上。游教授说当时就想：如果死了，妈妈谁来照顾？我的论文怎么办？"那时候就明白了一个道理，在危急的时候想到的人或者事情，是一个人心中最重要的。"这让他以后更加孝敬妈妈，也更加认真地去从事研究工作。

一个人和妈妈的关系是最重要的，这也如同和一个民族和国家的关系，因此也就明白了妈妈一定要孩子学习华语的原因。

传承中华传统，发扬华裔馆精神

访问游俊豪教授，当然不能错过对华裔馆的了解。

2016年11月游教授走马上任华裔馆，成为新任馆长。

成立于1995年的华裔馆最初为一个非营利组织，后于2011年重组为南洋理工大学旗下的一个自主研究机构。从成立至今，华裔馆一直都是靠私人捐款和政府拨款维持运作。

华裔馆是全球除中国以外，唯一一个专注于海外华人研究的大学研究中心。

华裔馆的主旨在于增进散居世界各地的海外华人研究机构，使命是通过展览、图书馆服务、历史和学术文献收集、公开讲座、研讨会和国际学术会议、社会活动及出版等途径来提升新加坡和世界范围内公众对华族历史、文化和传统的认知与理解，并立志成为中国之外的世界一流的海外华人研究机构和资源中心。

游教授说，接下来他将大力宣传华裔馆，让更多的人了解华裔馆。比如举办系列名人演讲，特设口述历史图书馆，开设"我和我的家族的故事"等话题。

　　研究和活动方面，重在华社历史研究和新情况下的发展壮大。会邀请华社人士到华裔馆演讲，让更多的人积极参与华社的更新换代，适应新时期的历史与现状。

　　游教授还特别邀请我参与口述历史"我和我的家族"计划，我的朋友杨俊强作为义务的特约研究员在积极推动本项目，他同时也希望更多的人参与进来，将新加坡华族的家族历史记录下来，不只是成为一段单纯的历史记录，更希望通过这些真实的立家创业史，激励现代年青一代，发扬传统，传承文化，塑造精神和灵魂，成为更加优秀的新一代。

　　对游教授的访谈轻松又充满着乐趣，他是一位细心又温婉的人，不禁让我想到他的教师生活。

　　"游教授，你的学生是不是都很喜欢你？"

　　"是的！"又是腼腆的笑。

　　游教授说，每一次演讲，他都会看到往届毕业的学生，有的学生毕业近十年了，还会来听他的演讲，让他十分感动。

　　游教授说，他的许多学生来自中国大陆，他会尽量帮助中国学生适应新加坡学习生活和毕业后适应社会。"我不是偏袒中国学生，我是觉得他们来自国外，会有更多压力和不适，我又是华族，有一种天然的亲近感"。

　　看着游教授，听着他的讲述，我的亲近感也油然而生。游教授身上散发出的中华文化气息，令我备感亲切！

多才多艺真君子

——记诗人郭永秀

郭永秀，新加坡著名诗人、作家协会理事、五月诗社社长。祖籍中国广东汕头澄海，6岁时移居新加坡成为新加坡公民。

诗人才华过人，多才多艺。如果冠以名衔，他也无愧于教育家、指挥家、作曲家、摄影家。不过，留给同事、朋友最深印象和最准确评价的，是郭老师的温和敦厚。外貌文质彬彬，俨然是一古代秀才的郭先生，不论是面对熟识者，还是初见者，语调柔和，态度谦让，处处时时让人感受到他的君子风度。

我认识郭老师一年有余，采写这篇文章，因为郭老师实在太忙碌，只好从外围入手，慢慢掀开那美丽的面纱。

卓有成就的现代诗人

郭永秀的职业，是在新加坡工艺教育学院中教导电子、电脑及安保系统等科技知识，是一位备受学生爱戴的讲师。

作为新加坡五月诗社现任社长，郭永秀也是创作有成的著名诗人。30多年来，他先后出版了5本诗集、1本散文集、1本音乐评论集以及1本歌集，作品远播华人诗歌界、文学界和音乐界。

诗人是生活之美的发现者、欣赏者。郭永秀先生专注于美的表现与讴歌，他善于从平凡生活中寻找人性之美、艺术之美、哲学之美。在《咏长发》中，诗人通过丝绸、瀑布、柳丝、柔风、耳语、黑洞、黑森林、漩涡等，用一系列喻象来比拟那视觉中少女长发的质感，以及形状与色泽，给人强烈的美感冲击。之后，更以"溺人的黑漩涡"写其整体魅力，以"夏夜的荷塘"写其诉诸嗅觉的幽香，复以流苏、轻纱写其柔情似梦的美，直至最后直呼"心跳"，诗的表达娴熟、畅快而洗练。

诗可以是抒情的，但对于郭先生来说，诗歌更是言志的、说理的，是表达个人理念、志向、追求的渠道。《筷子的故事》是郭先生的代表作之一。"五指微拢，轻轻夹起五千年的芬芳。"在《筷子的故事》中，诗人从筷子这一意象切入，以非常别致的角度，描述海外移民的故事，讲述中华儿女的南洋移民史、拓荒史，也表达着见证着大时代中的文化苦旅和文化危机。诗人之所以讲述这《筷子的故事》，是因为如今时髦的下一代已经丢弃筷子而争用刀叉，这小小的变化预示着文化承传的危机，对此情景，诗人不免忧心忡忡。而诗人的文化身份其来有自，作为唐朝汾阳王郭子仪的后裔，"那时，我们的祖先/从长江黄河翻滚的急流中/湍湍涌出……"并非泛泛之言，诗中的文化忧思分明是沉甸甸的，而此诗的思想容量和艺术匠心也令人称赞。诗人爱将故事融入诗作，成为其作品的特色。

华侨大学文学院教授、西南大学诗学研究中心客座教授毛翰对郭永秀的诗歌非常关注，素有研究，且有很高的评价。

郭永秀的文学作品散见于东南亚各国、美国、澳洲、菲律宾、泰国及中国等地报刊，多首作品入选中国及海外的文学选集、诗歌词典及中学大学教科书。著有诗集《掌纹》《筷子的故事》《月光小夜曲》《郭永秀短诗选》《郭永秀自选诗集》、散文集《壁虎之恋》、歌曲创作集《杨桃结果满山岗》及音乐评论集《余韵》等。

他曾主编过的刊物有《新华文学》《锡山文艺》《新月》及《东南亚诗刊》等。现任《五月诗刊》主编。

在2011年"读吧！新加坡"运动中，他的诗作《筷子的故事》也被推荐给全国各地的读者。2013年，他的诗作《纸飞机》被新加坡国家艺术理事会选为Project LAVA的作品之一，由本地艺术家通过视觉艺术装置，重新诠释为巨型绘画，在新加坡东海岸展出两年。2015年他的另一首诗《自动扶梯》被选入并列于新加坡地铁站月台的看板上。

他也是教育部邀请的驻校作家之一，同时也被新加坡艺术理事会委任为音乐会演出及文学出版评荐员。近年来积极从事摄影诗的创作以及诗歌与多媒体结合的工作。

音乐方面，郭君曾两度荣获"我们的歌"歌曲创作比赛优胜奖。创作有中西乐曲如器乐独奏、合奏、舞曲、舞剧以及合唱、独唱曲等。他曾担任多个乐团如掘新民族乐团、红十字会乐团、国家剧场俱乐部华乐团、国家剧场信托局中西混合乐团指挥。2006年起，受邀任茶阳会馆合唱团、福建会馆合唱团、东艺合唱团指挥，曾带团到中国南宁与广西艺术学院合唱团举行联合交流音乐会；在新加坡举行多场声乐音乐会，都极为成功，广受爱乐者的欢迎。

鉴于郭先生在华文诗坛、文坛有目共睹的成就，2010年于墨尔本创会的世界华文作家交流协会，敦聘他为副秘书长，作为该世界性文学团体在新加坡的全权代表。

勤于耕耘的文坛园丁

郭永秀除了坚持自己创作外，于2012年被推举为新加坡老牌著名现代诗歌团体"五月诗社"的社长，并担任《五月诗刊》的主编。作为诗社和诗歌刊物的掌门人，他鼓励年轻人学习诗歌知识，热情扶持诗歌初学者投入创作，利用诗刊这个阵地，发表后学者的诗歌作品，引领更多的诗歌爱好者加入创作队伍。

同时他也热情地组织各类诗歌活动，推动新加坡诗坛的现代诗运动和诗歌新人更快更好地发展。

今年在他的策划下，新马两地的主要诗社：新加坡的五月诗社和马来西亚的南方诗社在2016年4月2日主办了大型诗歌朗诵活动《南方吟》，为大家留下久久难忘的美好记忆。让诗歌的激情重新回来，许多前辈诗人和年轻诗人都热切地期待着下一次的聚会和放歌。

随着时代发展，传统文化遇到挑战，诗歌创作与欣赏也渐渐式微，本来就是小众的阳春白雪，如今更慢慢成为偏门，受到冷遇。但是，郭永秀先生坚持多年的耕耘与传播，用传统诗歌中蕴含的强大感染力、艺术魅力，凝聚着更多同好者，形成一个富有活力的群体，在寂寞的环境中坚守，在小路前行中体味独特的艺术享受。也是在近年，停刊8年的《五月诗刊》冬眠醒来，2014年复刊，出版了第40期诗刊《再生缘》。

郭先生同时还是新加坡作家协会理事，也是锡山文艺中心理事，他在这些团队中也扮演着骨干和中坚的角色，成为辛勤耕耘中那个朴实奉献的园丁。

优秀的音乐家

在回忆郭老师优秀的艺术造诣时，国大教授李智贤这样描述：

郭永秀学习音乐主要有两个途径：自学和拜师学艺。

小时候通过"丽的呼声"听地方戏曲，他就开始寻找有关戏曲的书籍，研究戏曲的种类和历史。少年时，受到同学的影响，他开始自学口琴、二胡和笛子等乐器，17岁考入国家剧场青年华乐团为二胡手，后来又获选为人民协会华乐团的笛子手。他也跟启蒙老师马文学拉小提琴，在掘新民族管弦乐团、红十字会华乐团、国家剧场俱乐部乐团、国家剧场信托局中西乐团担任指挥。

尽管郭永秀天资聪颖，还得拜师学艺。郭永秀对他的音乐启蒙老师马文充满感恩，马先生认为他在音乐方面起步较晚，要成为出色的演奏家恐怕不容易，但指出他具备担任一个作曲家和指挥家的气质和潜能，所以鼓励他学习作曲和指挥。马先生的这个建议改变了郭永秀的音乐事业取向，成了他的音乐生涯的转捩点。

郭永秀后来再跟随台湾音乐家沈炳光先生有系统地学习乐理、作曲、曲式、音乐分析等达七年，向本地著名音乐家李豪女士学习指挥、西方音乐史凡六年。他也同本地著名作曲家、指挥家梁荣平先生和比他年轻的潘耀田先生进行短期的乐理学习。

硕果累累

郭永秀孜孜不倦地学习，又长期活跃于本地乐坛，奠定了他日后的成就。

自《杨桃结果满山岗》于1975年获得"我们的歌"歌曲创作比赛的第二名后，1977年他又以《新加坡向你微笑》在同个比赛获第二名。

多年来郭永秀创作的声乐和器乐作品不但数量多，种类也多。声乐作品主要包括独唱曲《杨桃结果满山岗》《新加坡向你微笑》《流吧！小河》《不知道为了什么》等；合唱曲如《啊！新加坡》《渭城曲》《生命之歌》《飞、飞、飞》《给我一个美丽的世界》等。器乐作品包括高胡、二胡、笙、巴乌等独奏曲，琵琶与弦乐《听雨的联想》，西洋铜管乐《马来舞曲》，多部以中西乐写成的舞剧如《画皮》等。此外，他为电视台的唐诗宋词节目谱曲，曾为新加坡电视台古装连续剧《盗日英雄传》创作插曲。

郭永秀的作品在国内外皆深受好评。2006年，中国北京国家图书馆音乐厅举行了主题为"中新文化交流——郭永秀声乐作品发表会"的音乐会，由中国国家级的

郭永秀指挥合唱团及乐队演唱自己的创作

中央歌剧舞剧院合唱团及北京歌唱家担任演唱，得到中国观众很高的评价。在北京演出的前一年，由新加坡作曲家协会主办、新加坡汾阳郭氏公会协办，在维多利亚音乐厅举行的"杨

2013年在滨海艺术中心音乐厅指挥合唱团

桃结果满山岗——郭永秀声乐作品专场"，就已经深受本地观众的赞赏。但这不是郭永秀第一次发表自己的作品。早在1984年，由他亲自指挥，在维多利亚剧院举行的大型晚会"唐诗之旅"就发表了许多自己的作品，两晚的演出全场爆满。身为乐团指挥，郭永秀曾经带乐团到槟城、吉隆坡、中国香港等地表演。近几年来，演出更加频密，如2010年他受邀在中国上海太阳岛、世界博览会及苏州大学指挥乐队表演。2011年，"晚晴园——孙中山南洋纪念馆"为纪念辛亥革命一百周年和该馆重新开幕，邀请蔡志礼博士写词，并由郭永秀作曲，创作开幕主题歌《宣统那年的风》，2012及2013年他还先后在不同的场合指挥合唱团和乐团演绎此曲。

待人敦厚的谦谦君子

回忆起30多年前与郭永秀相识的经历，澳大利亚作家心水先生仍然历历在目，念念不忘。那次应邀出席新加坡作协主办的文

学研讨会，开会期间，心水先生妻子婉冰的眼镜不小心跌破了，没了眼镜，无法阅读，也将寸步难行，人生地不熟的心水不知如何是好。这事被郭永秀先生得知，一番奔波，当天午后就将装了新镜片的眼镜交给婉冰，解了他们的燃眉之急。

心水先生二次来新加坡，是应邀出席"世华作协"第二届年会。邀请函告知与会人员自行到酒店报到，也就是说大会无法安排接机。正当他思索要搭乘何种交通工具前往时，步出机场闸门的他，猛然见到郭先生在前等候，一时间高兴与意外、他乡遇故知的感触和感激，非笔墨所能表达。当然，如果自己乘出租车去酒店，不外乎多花点费用，但这件小事情上，郭先生诚恳待人、细心迎客的作风，实在是一种古道热肠、君子之风。

其实，郭先生对待朋友总是这样一副热心肠。海外老友来到新加坡，郭先生必然通知文友们，相约茶聚或晚宴言欢。不论客人、朋友住酒店还是在亲友家，郭先生也常常主动负责接送。郭先生认识新华各地作家、诗人特别多，他迎来送往花费的时间、精力难以计数，而他热诚待人的佳话在圈子里时常被人传诵。他还经常为文友们拍照，许多文友出书，都喜欢用他拍摄的照片作为作者个人简介中的人头照。

帮助新人　贡献良多

郭老师尤其注意培养和帮助新人，我自己不必说，在各方面教导我，无论是工作、写诗还是做人，真是谆谆教诲，受益匪浅。

我认识的一对新谣演唱者张耀天和黄倩，郭老师是他们的老师又是媒人。前几天我特别访问了耀天，谈起郭老师时他眉飞色舞。

耀天说，他和郭老师相识是通过脸书（facebook），因为久仰郭老师大名，试探性地发去问候，没想到郭老师非常热情，很快就相约见面，他向郭老师介绍了自己的情况。"真的没想到，不久就接到老师电话，邀我演出！"耀天说起这些一脸的精彩。

"真的，太感谢郭老师了，也就是那次演出，我认识了我的太太黄倩，我们两人更是一见钟情，很快就结婚了！"

我想可能郭老师也没有想到，他不仅帮助一位年轻的歌手找到了自己的位置和事业，同时也成全了一对新人的婚姻。

"郭老师不但是我们的介绍人，还是我们的证婚人，关键是他是我们事业的领路人！"

张耀天边说边给我播出了一首歌，他自己作曲的《功夫》，让我更佩服郭老师的眼力，这真是一位伟大的伯乐呀，成就一位这么好的青年作曲人和歌手。

张耀天，旅日音乐唱作人、制作人、乐手。现任新加坡莱佛士音乐学院流行音乐系讲师，2009—2012年担任中国沈阳师范大学音乐学院流行音乐系教师，2012—2014年旅居日本，与东京知名音乐人大平优一先生、田部井友德先生组建乐队在东京各地巡回演出。2015年受邀赴马来西亚南方大学以及宽柔中学参与"南方文学之旅"系列演出并与新加坡好友共同创立"星火音乐"，2015年CCTV全球法语大赛决赛表演嘉宾。2016年担任中法双语原创流行音乐组合"功夫兄弟"音乐制作人与主唱并在iTunes、QQ音乐等全球30个主流平台同步发行中法双语主打歌曲《功夫》。

真的要为郭老师的发掘和推荐叫好，耀天表示，他还年轻，会一直进取，不辜负郭老师的厚爱。

其实，郭老师为人甚为低调，经由他推荐、引荐、培养的歌手、作曲、词作者、演员不计其数。他确实是真正的伯乐，为文化艺术的繁荣发展尽心尽力。

不只关心本地年轻一代的音乐家，郭老师尤其关照中国新移民，他认为帮助那些具有文化素养的新移民适应新加坡的生活，对推动华族文化的发展有利，因为新移民融入后会为新加坡的华族文化输入新鲜血液。郭老师传承弘扬华族文化用心良苦。

2016年10月8日晚上，在南洋艺术学院李氏基金剧场观看聆听郭老师在台上指挥福建会馆合唱团演出"薪火相传"，晚会座无虚席，听众反应热烈，掌声如雷。出席者包括新加坡文化、社区及青年部、贸工部高级政务部长沈颖女士，中国驻新加坡大使馆文化参赞肖江华先生，华族文化中心总裁朱添寿先生以及许多文化界的名人。老歌新歌，在他的指挥棒下，演绎得完美无缺，真的是余音绕梁，三日不绝。

郭老师传承发扬华族文化也如一首雄壮的乐曲，靡声不绝。

新加坡华乐引航人

——访新加坡华乐团艺术总监叶聪

辉煌的指挥家旅程

叶聪，著名指挥家、新加坡华乐团艺术总监。

叶聪生于中国上海，5岁开始学习钢琴，就读上海音乐学院附小、附中钢琴专业，1972年安徽省艺校任教，1977年担任东方歌舞团钢琴演奏员，1979年上海音乐学院攻读指挥，两年后获奖学金往纽约曼恩斯音乐学院进修。1983年耶鲁大学攻读硕士课程，随梅勒学艺。1983年，他成为历史上第一个赢得埃克森/美国国家艺术基金会指挥大赛的中国出生的华人指挥，并在1984年成为圣路易交响乐团助理指挥。1989年，指挥了旧金山交响乐团。1991年4月，获选与芝加哥交响乐团音乐总监巴伦邦及首席客席指挥布列兹合作。1992年起，任捷克交响乐指挥工作坊艺术总监，数次在美国"指挥家联盟"工作坊担任讲员。1999—2000年出任香港小交响乐团音乐总监，同时担任美国南湾交响乐团与西北印第安纳交响乐团音乐总监。

除了担任新加坡华乐团的音乐总监，叶聪同时也是美国南湾交响乐团音乐总监，成为世界上第一位同时担任华乐与西乐团音乐总监的指挥。自1992年起，他已是捷克交响乐指挥工作坊的艺术总监，并曾数次在美国"指挥家联盟"工作坊担任讲员。他时常应邀到瑞士举办的国际现代音乐指挥大师班担任主讲。1995年，叶聪与南湾交响乐团获颁美国作曲家、作家及出版商协会大奖。叶聪曾担任西北印第安纳州交响乐团音乐总监、佛罗里达州管弦乐团的驻团指挥、纽约奥尔班尼交响乐团的首席客座指挥。叶聪曾是北京华夏艺术团的首席指挥，并是上海新小合奏的发起人之一。他指挥过巴黎2e2m合奏团、法国电台管弦乐团和波兰、俄罗斯及捷克的乐团等。叶聪亦曾赴日本，指挥新星交响乐团。2001年5月，他应邀指挥巴黎—上海卫星双向电视传播音乐会，法国国家交响乐团与上海广播交响乐团联合呈献演出，通过卫星电视传播，吸引了欧洲与亚洲上亿观众。

蓬勃发展的新加坡华乐团

新加坡华乐团是新加坡唯一的国家级华乐团。拥有超过80名音乐家的新加坡华乐团肩负传统文化的传承责任，通过汲取周边国家独特的南洋文化，成为各种资源和优势相互交融、具多元文化特色的乐团。叶聪于2002年1月应邀出任新加坡华乐团音乐总监。自此，新加坡华乐团进入一个快速提高和发展的新阶段，演奏曲目迅速扩展，演奏水平稳步提升，多次受邀在重大场合演出，乐团在国际音乐界的名声稳步提高，奠定了它在华乐界的领导地位。

新加坡华乐团一路走来，创造了诸多引人注目、令人震撼的辉煌时刻：

2002年滨海艺术中心艺术节，带给观众富有梦幻色彩、具有真实历史事迹的交响幻想史诗《马可波罗与卜鲁罕公主》。

2003年新加坡艺术节，华乐团与多元艺术家陈瑞献合作，突破单一艺术表现形式，共同呈献了别开生面的音乐会"千年一瞬"。

2004年，新加坡庆祝建国39年之际，乐团号召2300名表演者，举行了有史以来最庞大的华乐队演出"全民共乐"向国庆献礼。

2005年，为纪念郑和下西洋600周年，乐团邀请国际知名歌唱家呈献音乐剧史诗《海上第一人——郑和》。同年，乐团远涉伦敦、盖茨黑德及布达佩斯春季艺术节，成功亮相一系列欧洲巡回演出。

2006年，与新加坡舞剧团于新加坡艺术节演出《寻觅》，再一次体现乐团多元特色。

2007年，在2.7万名观众和上百万名通过现场直播观礼的国人面前，叶聪指挥新加坡交响乐团、华乐团、马来和印度乐队、南音小组及合唱团组成的联合乐团，共同完成新加坡国庆典礼演出。

2008年新加坡艺术节，与Theatreworks剧场合作，突破性地将莎士比亚名著与昆曲经典《牡丹亭》在《离梦》中相会。

2015年，为庆祝新马建交50周年，在吉隆坡呈献音乐会"乐飘双峰·荟音乐融"。叶聪出任乐团总监10多年来，新加坡华乐团获得引人注目的成就。谈及乐团近年来的整体发展，叶聪总监兴奋地说：可用"蓬勃发展、卓有成效"八个字来形容。

华乐团蓬勃发展首先体现在演奏曲目的大幅增加上。继2006、2011年举办新加坡国乐作曲大赛后，2015年继续组织第三届华曲大赛，以配合新加坡50周年庆典，为国家的金色禧之年献礼。大赛吸引了来自各国125位作曲家参赛，收到作品184部。经过多年努力，新加坡华乐团改变了曲目单一的局面，如今演奏曲目非常丰富，而且形成了以"南洋风"为标志的独特风格，受到亚洲乃至国际音乐界的瞩目。

2015年《联合早报》报导叶聪事迹

乐团蓬勃发展的第二个成就体现在演奏水准的明显提高上。经过多年和多种方法的训练，乐团逐渐形成了著名的新加坡华乐团音色，纯真、圆润、通透、柔美。并在演出的准确性、表现力等各方面达到了一个前所未有的高度。

各种团体和组合百花齐放，是本地华乐整体发展的第三个特征。

2014年6月，在新落成启用的国家体育场内，叶聪指挥了本地有史以来最大规模的华乐演奏"全民同乐"，这场震撼人心的演出不仅吸引了3万名观众参与，也创造了两项吉尼斯世界纪录：由3345名乐手组成的世界最大华乐团、由4557人组成的世界最大华族鼓乐团。据悉，参与这次表演的乐手来自本地128个华乐团体，其中包括来自14个国家的乐手。叶聪说，本地华乐演奏水平已有大幅提升，这样一次华乐乐坛的大聚会，充分体现了本地华乐的整体水平。他表示，非常可喜的是，年轻演奏人才越来越多，而且他们不再像以往单纯由私人老师指导，而是纷纷选择到南洋艺术学院等本地院校，或到北京中央音乐学院等世界级学府去深造。目前华乐团也不再走以往单纯的大乐队形式，他们有的是20~30人的中小型乐队，也有小于10个人的组合。这些团体往往勇于尝试，譬如在组合中融入西洋乐器、马来乐器、印度乐器等等，使他们的音乐与乐风呈现丰富多彩的特色。事实上，新加坡华乐团正是进行这种尝试的先锋。他们多年前曾尝试在音乐会中融入马来皮影戏、印度鼓、本地爵士乐等表现形式。新加坡华乐团也经常走入社区、学校、医院和购物中心，配合不同演出场地，会组成不同规模的乐队或小组，在表演时也会融入流行音乐元素，甚至把电吉他和键盘也纳入其中。

叶聪认为，新加坡华乐团是国家乐团，所以负有推动本地华乐发展的责任。乐团中有一半以上乐手在本地各华乐团体服务，很多还是这些团体的灵魂人物或指挥。为此，叶聪在华乐团内部特意举办"指挥工作坊"，意在传授他的指挥心得，提高乐手的音乐造诣和指挥才能，为本地华乐培养和输出人才。与此同时，新加坡华乐团也以"人民乐团"为宗旨，通过社区音乐会、学校艺术教育计划、户外音乐会等活动，运用启发、推动、影响和教育的方式来传达它的音乐理念。通过积极推广华乐，丰富民众精神文化生活。

走向更广阔的世界舞台

博大精深的华族文化与音乐，是新加坡华乐团创作与演奏依赖的土壤之一。多年来，叶聪积极与中国音乐界开展交流互访，互相汲取营养，扩大视野，提高境界。2007年10月，叶聪与新加坡华乐团展开中国巡回演出之旅，先后在北京国际音乐节、上海国际艺术节、澳门国际音乐节及广州、中山、深圳等地演出。此后几年，中国大陆成为叶聪时常踏足的地界。

2009年，新加坡华乐团成为第一支应邀在爱丁堡艺术节演出的华乐团。

2013年11月，中央音乐学院授予叶聪客座指挥荣誉。叶聪指挥该院民族管弦乐团为乐迷奉献了一场精彩演出，并做学术演讲。他认为当代华乐团的发展要注意以下六个方面：第一，曲目选择要有地域特色。第二，创作上要中西结合，要有中华民族汉

叶聪（左）受奖中

唐祖先的博大胸怀。第三，演出曲目上要积极发展Pops来吸引年轻人。第四，多媒体介入是世界艺术发展的大趋势。第五，华乐有普世价值，要把它发展到成为世界上主流文化的一部分。第六、音乐、戏剧、戏曲相结合，增强艺术表现力。

2015年4月，叶聪在中国音乐学院举办指挥系大师课、作曲系创作座谈会，以及作曲系和国乐系青年华夏室内乐团联合工作坊。交流活动以联合工作坊的形式加强作曲系、国乐系和指挥系之间的联系，通过"创作—演奏—指挥"的合作，推动新作品的演出，提升中国音乐学院创作表演的综合实力。

2016年6月，叶聪携手中央民族乐团，在北京音乐厅上演名为"边陲风情"的民族管弦乐新作品音乐会。演奏会演奏了6位作曲系青年教师历时3年，深入少数民族地区体验生活，创作的6首少数民族风情的管弦乐作品，用马头琴、竹笛、腰鼓等民族乐器，带观众领略边陲之地的少数民族风情。

叶聪在推动新加坡华乐团发展、促进与世界音乐交流整合方面的突出贡献，受到国家肯定。2013年他荣获新加坡文化界最高荣誉——新加坡文化奖。在国庆50周年到来前夕，新加坡华乐团宣布与叶聪续约至2019年12月。叶聪表示，欧美古典音乐界那幅画已经画得很满，但华乐这幅画尚有许多空间，等待我们去填补去着色。他希望尽自己的力量，继续把新加坡华乐团带向更高的国际舞台，积累更多的南洋风格曲目，要向外走，也要更深地扎根。

2016年7月3日晚，滨海艺术中心音乐厅，叶聪带领新加坡华乐团以"继往开来"音乐会拉开了新的音乐季的序幕，隆重地向国庆献礼。音乐会演奏了本地作曲家埃里克·沃森以李光耀前总理的重要演说为基础新创作的《庄严的独立宣言》、罗伟伦创作的交响大合唱《新加坡颂歌》。挥舞指挥棒的叶聪神采飞扬，在他的引领下，近百位音乐家倾情演绎，气势恢宏的乐章在音乐厅四周激荡，表达着民众喜迎国庆的欢欣和对伟大的祖国的深情祝福。

展望未来，叶聪表示，新加坡华乐同仁应不懈努力，"未来的路还很长，我们应有'从头越'的精神"。他说，发源于欧洲的西洋交响乐已有三四百年历史，而华乐交响只有半个多世纪，我们还需要进一步提升演奏能力，发展曲目与观众，要有让华族交响乐晋升为世界主流、屹立于世界文化艺术之林的目标。

这个鼓舞人心的目标，让我们充满期待。我们相信，叶聪传承和传播中国文化的路也会越走越宽广。

创办"新加坡眼"，献力"一带一路"

——访新加坡通商中国总经理许振义

在新加坡的华人社会中，尤其是新移民社群，"新加坡眼"这个新媒体平台的知名度颇高。新加坡眼经营微信、微博、推特、脸书、网站等新媒体平台，目前已有粉丝四五十万人，已是新加坡最大的中文新媒体，是许多人赖以取得信息和互相沟通的重要媒体。但是，知道许振义是"新加坡眼"创办人之一的，大概不多。

在新加坡，许振义更为人们所知的身份是学者、时政专栏作家。他祖籍福建金门，是第三代移民。许振义从业涉猎甚广，早年当过公务员，曾经是新加坡驻沪商务领事，后来转行成为公司总经理、商会总监，再后来到新加坡国立大学担任中国事务处主任。2014年，他下海创业，一方面经营"新加坡眼"，一方面担任新加坡隆道研究院总裁，从事中国与亚洲政治、经济、社会方面的研究工作。

许振义这些工作经历表面上看来杂乱，其实却有一条明显的轴线始终贯穿，那就是中国。

设立新加坡浙江中心

许振义从小就读于华文学校，爱好中国古代文学，中学时代开始写作，并时有文章在报纸上刊登。1990年，他服了兵役之后，到新加坡国立大学念中文系，受到了新马华文学学者、作家杨松年和诗人寒川的鼓励，开始发表华文小说。1993年，他以汉语专业第一名的成绩获颁唐杰卿奖章。毕业后，他加入新加坡民防部队，在该年的尉官课程中独占鳌头，获金斧头奖。在一线消防局工作之余，他继续小说、散文创作。

1998年，许振义在新加坡国立大学攻读工商管理硕士学位（MBA），并依兴趣，着意选择了六门以华文授课、以中国经济为内容的商业科目。未料"无心插柳柳成荫"，在硕士毕业前，他就加入了新加坡贸易发展局（现称国际企业发展局，International Enterprise Singapore），并于两年后的2002年被委任为新加坡驻上海总领事馆商务领事，从此开始了以商为主的道路。

2002年8月，时任贸易工业部部长的杨荣文率新加坡商贸代表团访问浙江。此前不久，时任中国国家副主席的胡锦涛访问新加坡，并提出四点建议，其中一点是就中国实施"走出去"战略探讨合作。浙江是民营企业摇篮，许多民营企业有国际化意愿，但缺乏渠道和网络。于是杨荣文访浙时提出在新加坡设立浙江中心的构思，与省政府一拍即合。之后，双方分别委任新加坡驻沪商务领事许振义、浙江省外经贸厅副厅长傅杜尔具体操办筹备工作。

在筹办浙江中心的同时，为了鼓励、吸引、方便浙江企业到新加坡设点，在新加坡贸工部等部门支持下，许振义开始协助给

94

知名浙商签发长期签证。最早两位获得新加坡五年多次往返商务签证的是正泰集团董事长南存辉和夏梦集团董事长陈孝祥。当时，即使是外交人员，新加坡给予的签证也很少有超过三年的，而中国商人以商务签证到新加坡的，一般期限为15天，最多可以延长到一个月。给南存辉和陈孝祥发予五年签证，可谓是史无前例。此后，许振义多次协助多名浙商申办两年长期签证；再之后，政策推展到苏、沪两地，为长三角地区企业家进出新加坡提供了莫大便利，促进了与新加坡的经贸往来。

经过一年多的筹备工作，新加坡浙江中心于2003年11月正式揭牌，承担起"引进来"和"走出去"的双向职能，不仅协助新加坡企业在中国寻找投资机会，成为新加坡企业了解、投资浙江的一个重要窗口，同时也为众多浙江企业开拓新加坡乃至东盟市场架设一座桥梁。浙江中心还探索新的贸易方式，为双方企业扩大贸易份额提供支持，并为浙江企业在新加坡上市融资或寻找战略合作伙伴等提供服务。

2003年3月，许振义陪同浙江省副省长王永明（右三）、著名企业家曹文锦（左四）、浙江省外经贸厅副厅长傅杜尔（左一）等在新加坡新达城考察浙江中心选址

"我们在江苏的生意是一张白纸，随你发挥。" 2004年6月，领事任期结束之前一年，许振义被这一句话打动，接受了新加坡上市公司"万得国际集团"（Matex International）的聘请，受委为"安力化学（泰兴）有限公司"总经理，从选址、设计、建厂、产品科研、原料采购，一直到开工生产、销售、售后服务，开始了他生平的第一段经商生活。

　　三年后，受中国新加坡商会委任，北上燕京，成为商会的首任执行总监。在商会工作的两年间，他创办了江苏、福建、广东三个分会。2009年4月，许振义离开商会秘书处，受委为美国赫兹（Hertz）汽车租赁公司首任北京大区经理，负责华北业务，直至两年后返回新加坡。

　　在中国近9年的工作中，许振义一方面感受到了身为外交官与外企高管的巨大身份差异所带来的截然不同的视野和亲身经验，另一方面也感叹中新两国的文化差异。他认为，成功的外企应该在懂得入乡随俗、因地制宜的同时，懂得过犹不及的道理。正是深感于这些文化差异对交流与沟通所造成的不便甚至误会，许振义在回到新加坡之后，致力于推动中新交流和文化建设。

创办"新加坡眼"

　　2010年年底，考虑到双亲年迈，许振义结束在中国9年的职业生涯，回到新加坡担任通商中国（Business China）总经理。这是由李光耀发起，并由他本人和中国国务院相关领导人于2007年年底揭牌成立的非营利性单位，综合语文、经济和文化元素，以求建立一个以华文华语为交流媒介的平台，造就一批双语双文化的中流砥柱，保留新加坡多元文化传统，搭建联系中国与世界各地文化和经济的桥梁。

许振义2010年年底回到新加坡。翌年6月，他妻子贺丽琴（原籍中国大陆）随即南下。南下之后，贺丽琴对新加坡方方面面甚感新鲜，而且时有不解。当时华人社群开始流行中文新媒体微博，加之她本是行业中人，于是以"新加坡眼"为名，创建了业余性质的微博账号，综合报章、网站、书刊和其他信息源上的资料，提供各类关于新加坡本地的新闻、衣食住行、习俗、活动、文史等领域的信息，偶尔有一些拿捏不准的内容和角度也让许振义协助确认和修写，这是许振义回国至今坚持的一项"业余工作"。

"新加坡眼"源起于2011年，如今已是新加坡本地影响力最大的中文新媒体之一。在创办之初，由于当时新加坡本地这类性质的中文信息平台不多，中国对新加坡的了解和认识的渠道有限。而新加坡眼微博的内容是关于新加坡社会文化生活各方面的，修正了许多关于新加坡的道听途说和人云亦云，让人耳目一新，加之文风也是中国大陆人习惯的风格，因此颇受欢迎，在新加坡华人新移民社群和一些对新加坡感兴趣的中国人社群中逐渐建立起相当的知名度。

到了2013年下半年，"新加坡眼"微博账号已初具规模，拥有粉丝十五六万。这时，中国又兴起一个新的网上社交平台"微信"，于是许振义和妻子开设微信平台，逐渐发展到五六十万粉丝。许多粉丝见到了"新加坡眼"的传播价值，愿意付费通过这个平台做些小买卖。刚开始是卖玫瑰花、小礼品、机票等，后来一些旅行社、餐厅也慢慢加了进来，形成了服务华人的多元化平台。2014年年初，许振义得知账号开始有这些小规模的媒体经营活动，认为应该正规化运作，于是成立了公司，正式经营，无论对客户或对公司的发展都有法理保障。

"新加坡眼"让许多使用华文的中新两国网友有了较自由开放的沟通平台，促进了对彼此国家和社会的认识和了解，对两国民间交流做出了贡献。除此之外，在2011年新加坡大选前后，本地人与外来人口的矛盾表面化。与一些靠炒作赚取点击率的新媒体不同，"新加坡眼"强调本身的社会责任和媒体责任，并不故意炒作新加坡本地人和来自中国的新移民的文化差异和相互对立，而是尽可能协助、促进彼此交流和沟通，促进两者的相互理解和融合，对新加坡的社会和谐和发展有所作用。

隆道智库学者　献力"一带一路"

2012年1月，许振义转到新加坡国立大学，担任中国事务处主任一职；一年后，职务调整为亚洲事务处主任，主要负责与中国、印度、东南亚等国家与地区的合作。2014年，在中国入世谈判首席代表、国家外经贸部原副部长、博鳌亚洲论坛原秘书长龙永图的鼓励下，以著名中国问题专家郑永年、福建企业家林志奇为创办人的隆道智库在新加坡成立，聘许振义为研究院总裁。这是新加坡首家民间智库，致力于中国与亚洲政治、经济、社会研究。

中国"一带一路"战略是隆道研究院重点研究课题之一。研究院定期政策杂志《隆道观察》创刊号的主题就是"一带一路"。研究院多次举办以"一带一路"为研究对象的讲座、论坛。2016年4月15日，在全球第五大会计及咨询事务所——德豪会计师事务所（BDO）的亚太区域企业金融峰会上，许振义介绍了"一带一路"战略及其对新加坡和东南亚的战略意义和商机。企业国际化是许振义研究课题之一。2016年4月，以他为首的课题组为深圳市政府做了企业"走出去"咨询项目，提交了八点主要建议，包括设立"走出去"融资计划、培养青年人才等。

2016年5月，在全球第五大会计及咨询事务所——德豪会计师事务所（BDO）的亚太区域企业金融峰会上，许振义介绍了"一带一路"战略及其对新加坡和东南亚的战略意义和商机

许振义也给新加坡公共服务学院、新加坡国立大学、南洋理工大学、义安理工学院以及上海交通大学总裁班等授课、开设讲座、举办游学项目等，为来自中国和新加坡两地的学生、公务员、商人等社会各界人士讲中国政治、经济、社会、"一带一路"等主要课题。

另一方面，他也积极向中国朋友介绍新加坡经验。他曾担任上海市黄浦区、江苏省南京市、连云港市招商顾问，新加坡—山东经贸理事会新加坡方秘书长，新加坡—浙江经贸理事会理事，多次到中国知名学府如北京大学、上海大学、西安外国语大学、浙江师范大学等，以及亚洲经济论

2016年年初，许振义在天山论坛发表演讲，介绍新加坡建立国际金融、航空、航运、教育等区域中心的经验

坛、泛珠三角区域合作与发展论坛、东亚商务论坛、天山论坛等大型论坛峰会，做有关新加坡政治与社会治理方面的授课及演讲，介绍成败案例，总结经验，推动中新两国的相互了解与交流。

许振义对新加坡政治及社会课题观察敏锐，论述中肯，多次受中国重要媒体如央视、新华社、《经济日报》、东方卫视、凤凰卫视等采访并引用观点，包括《新闻联播》曾采用了他对中国国家

许振义接受央视采访

主席习近平2015年年底访问新加坡的评价。

现在，已近天命之年的许振义认为，未来的工作重心仍以商业发展与文化使命并驾齐驱。隆道研究院将继续提高研究水平，

100

发挥建言献策的作用，促进外界对中国政治、经济、社会的了解与认识，对中国的经济发展起到积极的作用。同时，提高"新加坡眼"的服务质量与用户体验，推进文化传播。

在社会服务方面，许振义活跃于新加坡华社，是新加坡福建会馆文化组副主任、金门会馆青年团主任、锡山文艺中心秘书长，也是新加坡中华总商会、怡和轩俱乐部等组织的会员。他尤其重视培养年轻人对中华文化的认同与兴趣。他在新加坡多次举办文史讲座，介绍新加坡华人移民历史，鼓励新老移民沟通与融合。2013年年底，他率领20多名青年到福建金门县进行回乡寻根活动。2015年，新加坡金门会馆出版了他主编的《金门先贤录·新加坡篇》，研究了大量文献，也访问先贤后人，搜集前人未发现或未记录的事迹，写成了62篇人物传记、121篇人物简记以及新加坡金门会馆成立145年大事记及董事名录，在一定程度上填补了历史空白。

他乡生活

缔造中新企业合作的桥梁

——访正和岛智库创始人兼 CEO 孙静若

认识静若是很偶然的，在一次企业家见面会上，我被这个高挑漂亮又风风火火的女孩子给吸引住了，主动和她攀谈起来。

促进新中两国企业创新商业之美

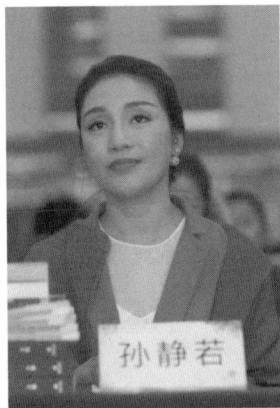

孙静若

商业未来的主题都将离不开"跨界互联"。以"互联网+"为基础，不同地域、不同行业之间互相渗透、兼并，联合构成商业新上层建筑。

静若虽然移民新加坡，就像她自己说的，她是一个闲不住的人。通过一段时间的观察和走访，她发现新加坡的经济和企业发展有很多值得中国企业学习和借鉴的地方，于是她就想应该把这些好的经验带给中国的企业和朋友。希望中国企业能够有更开阔的空间、更深远的成长，她要带领中国企业家到新加坡进行学习交流和探讨，让更多创新的企业经营、管理方法应用于国内的企业。

静若决定回国，这次静若的回国创业已经和之前完全不一样了。她心想的是中国企业的发展，希望中国企业能够有更开阔的空间、更深远的成长，她要带领中国

正和岛智库邀请中国企业家赴新加坡参观

企业家到新加坡进行学习交流和探讨，让更多好的企业经营、管理方法应用于国内的企业。于是，正和岛智库邀请多位中国优秀企业家共赴新加坡参观、相互交流学习，并与横河电机CEO赖涯桥先生就公司的管理、未来的技术发展进行深入的交流与探讨。在探讨的过程中，新加坡企业家逐渐发现了中国企业的优势，看到了中国企业这几年的飞速发展。中国的企业以及企业家也越来越多地被国际认识和认可，这确实一个相互学习，共同成长的绝佳时机。

横河机电的赖先生为来访的中国企业家亲自讲授了他的百年企业管理经验和横河电机的关键核心竞争力，同行的十几位中国企业家都受益匪浅。横河电机的"七零"管理让人瞠目结舌：切换时间零，库存零，不良零，浪费零，停滞零，工伤零，故障零。用实质的关爱来抚慰员工躁动的心，用分享和学习来带领员工共同成长，在技术上一直保持先进，才能有更多的话语权、坚

持匠心的细胞单元生产方式，更是让此行的中国企业家深深思考未来的发展和创新。

构建新商业方法论

和静若的交谈让我感动的一点是，她说："我不只研究、萃取、传播新中企业创新商业之美，还肩扛愿景和使命，提升新中两国产业效率和商业文明，构建新商业方法论策源地的愿景和使命。"一个看起来并不高大的女孩子，也可以说出这样有分量的话，着实让我钦佩。

据了解，静若很早就开始自己经营企业，一个偶然的机会她加入了正和岛成为众多岛亲中的一位。静若说，正和岛是中国商界第一高端人脉价值分享平台，也是全球第一个通过互联网把现实世界的大佬聚集在一起的社交平台，她在这个平台上认识了很多企业界的名人，与他们缔结信任、对接商机，并且能够促进相互之间的成长，加速自我能力的提升。柳传志、张瑞敏、鲁冠球、王石、宁高宁、马蔚华、马云、王健林、郭广昌、李书福、俞敏洪、曹国伟等企业领袖，都是正和岛的热情支持者与积极参与者。

在与正和岛创始人刘东华多次碰撞后，她坚信这是一个机会，一个更好的助力中国企业家发展并走向世界的机会。于是，2014年底，二次创业，她的角色也发生了变化，从一个"岛亲客户"转变成了一个"企业共创者"，亲手创办了正和岛智库。智库作为正和岛的案例研究中心，一直坚持"案例价值化、价值商业化、商业转化"。将案例系统地转化为商业行为，利用社群效应来沉淀用户的内容和数据，为商务人群特别是企业家及其第一团队提供商业价值的互联网的平台和产品，致力于打造中国第一生态案例平台，助力更多企业的成长。

孙静若不局限于最初挖掘企业干货的"企业家访谈企业家"的模式，为了让更多的中国企业在经营、管理、运营等方面的优秀方法论被认识并学习，她亲自带领团队十几人，仅仅两个月的时间走访全国6个省市，78家公司，面对面与老板坐下来，聊聊企业经营的那些事儿，然后将优质案例进行研究制作，并通过各类媒体分发给更多的人。此外，她还将全部中国的企业案例研究成果翻译成英文、日文、韩文，通过各种媒体传播到世界的企业中，目的就是让世界也认识到中国的强大、中国企业的强大。

立足本土，着眼世界

2013年9月，习近平主席在出访中亚国家期间，首次提出共建"丝绸之路经济带"。同年10月，他又提出共同建设"21世纪海上丝绸之路"，二者共同构成了"一带一路"重大倡议。响应国家主席提出的"一带一路"政策，高举和平发展的旗帜，积极发展与沿线国家的经济合作伙伴关系，共同打造政治互信、经济融合、文化包容的利益共同体、命运共同体和责任共同体。中国在进步，世界在进步，中国企业家要更加进步。静若说，这就是她接下来的工作重点，带领中国企业走出去进行交流探讨，也把中国的文化和企业优势带向世界各国，不断扩大中国这个文化大国的影响力。

现在，美国经济从次贷危机中开始复苏，"科技创新"暗潮涌动，德国提出"工业4.0计划"力争在制造业上领先世界，以色列居危思变以"研发创新"做支点撬动地球，日本的"匠人精神"与研发学习齐头并进……对中

2017年正和岛组团中国企业家赴以色列考察

国企业家来说，学习已经是一件迫在眉睫的事情。

孙静若说："我们不做枯燥乏味的走马观花。每次同行的企业家班底也是传统行业与新兴科技企业混搭，上市公司与家族企业共进，所有企业家都是来自不同领域、不同行业的领军人物。我们的目的只有一个：帮助企业家群体提升并成长，并且助力他们实现更多商业链接。2017年2月，静若的团队，带领一批企业家走访了以色列。以色列是一个以创新创造为主却极度没有安全感的国度，与其他游学不同的是，此次国际工坊由名师带队，参访近10个企业或项目，涉及生物医疗、环保、科技器械、农业养殖、滴管等多个前沿领域。大家都是带着问题出发，深入各类一线企业，拜访知名大学和律师事务所，当地政企互动，学习+参访+研讨，并且提供投资并购。以色列有其创新优势，中国企业家也有自己的优势特点，大家相互学习，互相促进成长，是一件非常令人开心的事儿，并且在整个过程中，还能创造产业链上下游的链接和商机合作。孙静若说："这正是做了我们认为有意义的事儿。"

中国企业越强，就越值得被学习

企业需要变革，产业需要重构，经济需要聚合，这一切靠什么？

2016年6月，在正和岛岛邻大会前一天，静若带领正和岛智库所有成员，首次举办了一场关于"新商业方法"的论坛，并邀约国内外10位专家教授和企业家作为分享嘉宾，针对新战略、新心智、新产品、新文化、新资本、新趋势、新营销、新模式、新组织、新管理10大模块的新商业方法进行深入研究和探讨。资本与趋势一直都是企业家们最关注的问题，至于营销与模式方面，组织与管理等都是企业永久不变的话题。横河电机CEO赖涯桥与华南理工大学教授陈春花"名家对话"，共享经济时代，共创企业辉煌。教授和儒商们都是组织转型与创新研究和实践的集大成者，激发个人无穷潜力，速率创造"不变企业价值"的流程管理，让大家受益匪浅。

五场论坛完成之后，在场的企业家对整场活动给予了极高的评价，这种思想盛宴让在场的每一位企业家都觉得自己充足了"电"。论坛结束后，很多参会的企业家都感叹这样的会议应该多开，这是一个对中国乃至世界的企业家都非常有价值的事儿。

就这样，静若一直坚持研究中国优秀的企业，找寻各方面的资源来深入研究这些案例企业，输出成品，助力中国企业家的成长。为了给企业家群体提供更多更有价值的、更有借鉴意义的内容，她说："对此，我永不放弃。"认识她的人都知道，她是一个认准了一件事儿就再也不回头的人。

2017年3月，正和岛智库牵手荣事达荣电集团，为其打造荣电案例，助力荣电实现"17532"工程。在挂牌仪式后的闭幕论坛上，静若也针对荣电的战略生态"17532"提出了自己的建议，她说："坚持一个生态化反的原则，树立'立名、立标、立言、立人、立信、立学、立德'的七个标准，

正和岛智库牵手荣事达荣电集团

借鉴参考互联网时代下的五种玩法（互联网、传统变革、破界、价值链重构、开放共享），并且针对荣电的生态战略落地提出了'生态品牌+品牌群落+通道'的三条思路和两条实现路径。"

　　之所以会牵手荣电，是因为静若要专注服务于这一类估值和营收10亿级的企业，用案例萃取的方式帮他们链接企业价值。如今，"轻案例+深链接"的服务受到越来越多高成长实力企业家的青睐和倚重。智库会帮助更多估值和营收10亿级的企业和企业家去成就他们的梦想。

　　和静若的交谈，不够深入，却让我看到了一位愿意为企业和文化献身的普通女子的热心和诚意。我想，静若虽然是成功的，可是正如她自己说的，比她成功的人多多了，她追求的不是个人的成功，她更愿意为社会、为他人做些事情，尤其是为日新月异的祖国的发展做些事情，即使微不足道，却是她的满足之处。

　　我相信静若与她的正和岛正在不断突破发展空间，不遗余力地为中国企业的发展、成长走向世界做出贡献。

建功立业　不忘族群

——访山环集团总裁孙礼锋

　　说起访问山环集团的总裁孙礼锋还真的有意思。

　　我对舒然说，最近我实在太忙了，就让孙总自己出稿件吧。

　　舒然说：好！

　　没想到他的稿件拿来了，反而激起了我要访问他的兴趣。

　　一个穷孩子，从福建农村来到异国他乡，一名普通的建筑工人，甚至没有太多的文化，凭什么取得这样的成绩？杜生组屋，可是新加坡政府组屋的典范之作，获颁建屋局绿色建筑标志白金奖，何以出自他的建筑公司？

　　山环建筑承建的榜鹅河水道两旁的项目Waterway SunDew、Waterway Ridges、Waterway Brooks以及Waterway Bank，同时获得

孙礼锋

建屋局绿色建筑标志超金奖；2012年，山环建筑荣获建屋局颁发的"环保与优雅建筑商（卓越）奖"；2013年荣获"50家杰出企业奖"以及2013年建成环境亚洲企业奖——杰出成就奖以及顶级企业家奖。

2013年，由扶轮社与中小型企业协会联办的"新加坡企业家奖"评比活动中，孙礼锋异军突起，荣膺"成熟企业家奖"组别总冠军，以及"资讯通信科技奖"得主，从副总理兼国家安全统筹部长兼内政部长张志贤手中接过奖杯。

孙礼锋（左）受奖中

……

2016年10月3日下午3点，汽车静静驶进坐落于大士北道的山环集团。

孙总已经等在办公室了。

高大、健硕又憨厚、沉稳，真诚的笑容在他的脸上尤显亲切。

没有太多寒暄，访问直奔主题。

献身会馆　为老会馆和新移民服务

"我很高兴得到乡亲，以及公会执监委们的信任，被推选为第44届新加坡工会的会长，能够为乡亲服务，我感到非常荣幸！"

没想到孙总的开场白竟然与我不谋而合，他没有首先谈他的建筑公司和辉煌业绩，说明惠安公会依然在他的心里占有一席之地。

2014年年初，孙礼锋众望所归当选为新加坡惠安公会第44届董事会会长。接任会长后，服务乡亲成为他工作生活的一部分。

孙礼锋是惠安公会历史上第一位出任会馆领导的新移民，上任后马上展开了一系列活动，为华族文化和会馆传统活动尽心尽力地开展，同时也特别注意引入新人，为有着近百年历史的华族会馆注入新鲜血液和活力。

在庆祝成立90周年之际，孙礼锋特别捐献10万新元给新加坡华族文化中心，为发扬华族传统文化贡献一点力量。这也是孙礼锋在2014年年初获选担任惠安公会第44届董事会会长以来，第一个重要的庆典活动，孙礼锋为此付出了很多的时间和心血。随着庆典圆满成功举行，孙礼锋的名字也随之被更多人所记住。

在会馆特刊上，孙礼锋高兴地写下了这样的话：

孙礼锋的感恩

我们在2014年里也同时做了几件有意义的事情，让乡亲们感到骄傲。首先是配合90周年庆典，向华族文化中心献捐十万元基金，以实际行动支持国家弘扬华族文化的政策。我会是少数向此重要文化机构捐款的民间组织，我们的义举，引起各方瞩目，凸显我会坚持发扬传统华族文化的精神。

第二是我们成功获颁国际标准化组织9000系列ISO资质认证书，这是极少数新加坡社团组织拥有的荣誉。这项认证有助于我会提高行政效率，是迈向科学管理的重要一步。第三是我们成功主办了美术展和书法展。举行美术展和书法展，有助于提升我会的形象和展现软实力。去年的美术展，展出规模、展品内容与水平，和卖画成绩都为历次美展之冠。我为美术组的表现鼓掌，加油！

此外，去年端午节我们也举办了一次历年来最成功的乡亲集体出游活动，有将近200名乡亲报名参加乘"郑和"号游览新加坡南部海岸及龟屿岛。这是团结的讯号，也是活力的象征，我个人感觉很好，值得肯定。

一个建筑外劳的嬗变

祖籍福建省惠安县的孙礼锋，只念到小学三年级就因"文化大革命"被迫辍学，那时只有11岁。由于家境贫寒，身为长子的他为了维持家里的生计，学习过打石建房，从此与建筑业结下了不解之缘。

1981年，年仅26岁的孙礼锋为了让家人过更好的生活，一个人背井离乡赴澳门谋生，同年10月漂洋过海来到新加坡，是最早前来新加坡谋生的一批中国外劳。这是他人生中为命运所做的重大决定。

来到新加坡后，他的第一份工作就是做建筑工人，劳工生活充满了艰辛与磨难。但为了实现来时的梦想，白天他超负荷地工作，晚上则利用休息时间自学英语，扫除语言障碍，积极融入本地社会。当外劳的薪金微薄，每月只有区区400美元，生活捉襟见肘。于是孙礼锋下定决心把握每一个机会，积极进取。繁忙工作之余腾出夜间的时间学习建筑技术，提高建筑知识。功夫不负有心人，很快他的努力得到了老板的赏识，提升为工头，参与工地的管理项目，为他日后自己创业打下良好基础。

上世纪90年代初，新加坡经济从衰退走向复苏，工程建设需要大批熟练建筑工。在新加坡当了近10年建筑工人的孙礼锋敏锐地捕捉到商机，决定放手一搏。1991年，他从个人储蓄中拿出了4000元作为启动资金，开始了艰难的创业之路。1993年，成立山环建筑私营有限公司，取其"山峰青松展雄风，环宇五洲广厦成"之意。

创业初期，他向中介借了8名泰国工人，并从朋友那里接下了二手转包的工程。在他的努力下，工程如期而完美地完工结束，并赢得了转包方的赞誉，使公司的业务开始逐渐增多起来。

1998年，山环遭遇到前所未有的债务与资金周转的问题，孙礼锋内心感到非常无助，甚至萌生放弃的念头。不过最终他没有在挫折中消沉，而是痛定思痛，重整旗鼓，凭着一颗恒心，奋力拼搏。

有志者事竟成，终于在1999年，山环建筑凭借优质工程而获颁土木与建筑工程ISO9001证书。由于平时重视培养企业竞争实力，建立良好的信用，山环建筑在建设局（BCA）的A1级别、银行记录、工地安全等方面都保持着良好的记录。

经历近十年的努力奋斗，山环建筑有限公司在新加坡竞争激烈的建筑行业中，维持稳步成长。公司于2003年，成功承包到一项位于圣淘沙南部运输和维修车站的工程，合约金额为3500多万美元。在2007年，公司获得了一项发展女皇镇组屋的项目，合约金额为8300万美元。孙礼锋知道，这是考验山环的关键时刻，只许成功，不许失败。因此在施工的8个月里，他几乎天天都守在工地现场，以便亲自监督，确保每个建筑工程都能如期完成和达到标准。此后山环被升级至A1级别的建筑公司，可竞标任何金额的大型建筑项目。

孙礼锋自己总结成功的三大因素：第一，他自己设计了一套运作程序（MIS），聘请电脑软件工程师加以实现，并推行了现代财务预算制度，这使他能够很好地控制成本预算。第二，他始终坚信，长期的设备投资可以促进业务现代化，能够提高整体劳动生产率。于是他不停地寻找和购买新设备，以提高效率。第三，他愿意承担可预期的风险并敢于向不熟悉的路径前进，这可从他甘冒风险把毕生的积蓄用于创业一事清楚看见。

心系祖国

山环从最初的9名员工，发展到今天已拥有超过600名员工，并完成了60多项公共与私人工程。目前的承包工程已超过8.5亿元，在建设中的政府组屋超过6000个单位，有地私人发展项目超过30个单位。

孙礼锋的故事强而有力地说明了个人成功的关键在于有明确的目标和坚强毅力。拥有这样的素质，即便看起来不可能的理想也有实现的可能。他经常使用成语"背水一战"来说明他早年奋斗的决心。如今，他正以"有进无退"的精神和"努力拼搏"的毅力，来鞭策着自己再攀高峰。

在孙礼锋看来，中华文化最博大精深，他一直坚持的勤奋、诚实、善良、包容和进取都是中华文化的闪光点。孙礼锋的员工很多都是印度人、斯里兰卡人等，他会在员工中开展中国文化活动，让其他国家的员工也能体会和感受中国文化的美好和深厚。

比如新年、八月十五、端午节，都会举办全公司都参与的活动，一方面给中国员工有一种归家的感觉，同时也给外国员工体验的机会，将中华文化发扬光大，带给新丝路上的其他国家。

访问结束，孙总裁带我们在他的大楼巡视一番，当走到会议室的时候，首先映入眼帘的就是一大排获奖证书，让我最感动的是，最大的照片竟然是他荣登华人名人堂的留影，说明中国在他心里占有最重要的位置。

架设中新友好桥梁的使者

——访新加坡天府会创办者杜志强

1991年，在四川省外经委系统有着稳定工作且拥有受人羡慕职位的"77届大学生"杜志强，为了寻求一种更好的生活方式，举家移民新加坡开启新的人生。

经过多年拼搏，25年后的今天，杜志强不仅在狮城打拼出自己的事业，而且还发起创立了新加坡天府会，他本人也先后出任新加坡京华国际狮子会会长、新加坡天府会会长、中国

2016年杜志强夫妇与李显龙总理（中）合影

海外交流协会理事、四川省人才顾问、四川国际商会驻新加坡代表处首席代表等重要职位，深受新中两国政府的高度信赖。

从打工仔到自己创业，信誉第一

出国前，杜志强是1977届大学生，机械专业，曾在机械研究所工作，获得过7项国家科技进步奖，是四川省外经委系统的官员，有着稳定的工作和令人尊敬的头衔。80年代时由于工作关系结交了一些东南亚国家的商人，其中也包括新加坡家禽屠宰行业的商人。而当时的新加坡政府欲将新加坡打造成一个优雅社会，使家禽屠宰走向工业化、机械化、高科技化，当时急需机械专业的人才，他是被选中的人才。而为了寻求一种新的生活方式，杜志强毅然放弃了一切，带着家人奔赴新加坡。

从国内当官到在新加坡合兴家禽工业有限公司打工，这样极大的落差，也让他发誓一定要在全新的环境中搞出点名堂来。他从学习如何杀鸡、如何拔毛开始，到学习厂里电子配置、机械维修等，表面上是个厂长，但实际上就是一个地道的打工仔，什么工作都需要他处理。他放弃一切的地位观念和尊严，走进工人中间，虚心向每一位工人师傅求教，从最基础的工作开始学起，掌握了工厂每一个环节的操作和运转。杜志强感慨说："没有走下去之前，一切千难万难；一旦认真去走了，就很容易地与他们建立起感情。"杜志强回忆说，曾经的这段经历，对他来说非常重要，是他人生路上的一次飞跃，也从中经受了很好的锻炼。两个多月后，杜志强用自己的诚恳和勤奋赢得了厂里每一个员工的爱戴。据杜志强介绍说，曾经的那间家禽厂，在他工作一年后，破天荒地实现年赢利200多万元新币，一时声名大噪，他也随之在新加坡声名鹊起。后来，许多人请他帮忙推荐能干的中国人。一个月内，他从四川介绍了50多人到新加坡就业，有的迅速被"提拔"为企业骨干。于是，常有人慕名前来，请他帮忙推荐像他这样能干的中国人。逐渐地，不仅是家禽业的人来找他，其他很多行业的人也来找他。

杜志强从中看到了商机，于1994年创办唯一国际集团，利用他在杀鸡场学习到的知识，结合在新加坡各界认识的朋友，再利用自己在中国的人际关系网，介绍本地的商家前往中国投资发展。他的事业发展之顺利令很多人羡慕不已。很多生意是自己找上门来，而且常常是交给他一手包办。比如，杜志强所做的一些进出口贸易，常常是顺带帮朋友做的。因为杜志强与新加坡的许多餐馆老板交情甚好，所以他们把餐馆内的所有员工制服、桌布、餐巾等的采购业务交给他来负责；还有一些厂家想进口中国的钢材，会请杜志强联系稳定的供货商，而他则会利用自己在中国内地的资源网络采购到客户所需的材料。

"跟一个企业家相处久了之后，他们往往会问我能做什么，然后把我能做的业务全部交给我。"令杜志强骄

2011年1月，李光耀资政为天府会会长杜志强颁奖，"热心公益，慷慨捐献"，感谢其为本地社会及融入做出的贡献

傲的是朋友们对自己的信任，他也很小心谨慎地维护着自己辛苦建立的品牌信誉，拒绝不该做的、做不好的，专心、认真做能做到最好的。

他说："企业就像一条船，有时候一个小洞，也会毁了整条船。"所以他宁愿少挣一点也要小心驶得万年船。

2013年，国务资政吴作栋为杜志强会长颁发"国民融合奖"

目前公司的业务已发展到从事国际劳务代理、国际学生代理、国际移民代理、国际人才交流与管理等，20多年誉满狮城。

创办新中两国建交后的第一个新移民社团——新加坡天府会

为了让来自中国的新移民更快融入新加坡社会，杜志强萌发了成立一个社团组织的念头。经过酝酿，以四川古称天府为名的"新加坡天府会"于1996年初创，1999年正式注册为本地的第一个新移民社团。

2015年11月9日，陈振声部长与天府会杜志强会长（左）、蓝光集团总裁杨铿先生合影

121

杜志强说，自天府会成立以来，广纳在新加坡生活工作的各行业新移民，为他们提供相互交流、学习的平台，协助新移民更好地融入当地多元种族社会，发扬互助友爱精神，为新中两国搭起文化、科技和商贸交流的桥梁，促进新加坡和中国两地文化、科技、商贸的往来。

天府会多年来为中国雪灾、汶川地震、雅安地震捐赠150万元，并在四川罗江捐建学校，长期扶助罗江及雅安学子。为本地华社自助理事会、马来回教理事会、印度人协会、公益金、华族文化中心、宗乡总会、人民协会、实勤中学、菜市基层委员会捐款。对在本地发生意外的中国公民及其家庭和子女援助几十次，累计新币50万元以上，是个充满爱心及正能量的新移民社团。

天府会提倡的"家庭第一、事业第二、回馈社会、发展会务"理念深入人心，得到该会理事、会员、家庭成员的积极响应，成为本地凝聚力极强的社团之一。98%以上的成员一旦加入便不离不弃地为该会服务，长期为该会服务10年以上的理事占70%。

天府会的成员95%以上具大学文凭，60%以上为硕士，博士、教授、专家30余人，其中国侨办海外专家4人、中国"千人计划"科学家1人。天府会号召低调、谦卑、积极融入本地社会，热爱并扎根于新加坡，受到当地社会的接纳与表彰，被授予"2012年优秀会馆奖"。天府会的理事，约80位成员曾被本地电视、电台、杂志、《联合早报》、中国地方报刊、凤凰卫视等报道。

杜志强说，从小事做起，做好自己的事情就是最大的融入。从感恩出发，感谢当地社会的接纳和关怀；从谦卑开始，向本地的各族新老社团学习，更好地融入新加坡这片热土，也力争为新中的经济发展贡献绵薄之力。

2015年1月，陈振声部长颁发长期服务奖给杜志强、王家园、郭庭水、王金发、卓顺发、陈明栋、陈平、杨建伟、赵永昌

为新中友好不断超越

在新加坡25年的创业与打拼，为杜志强赢得社会地位与尊重，也在国内收获殊荣。他活跃在新加坡的上流社会，积极参与各种社会活动。因为他的出色表现，2004年，他被选为新加坡最大的慈善机构——京华国际狮子会的会长，是新加坡华人新移民中第一个获此殊荣的人。2009年更是被选为新加坡国民融合理事会理事。

杜志强每年都要到中国参与多项海外交流协会的活动及各种商业贸易等。作为四川省海外交流协会副会长，深刻感受四川对海外人才的重视，积极配合省委、省政府，推荐了学者顾问担任四川省的要职，并介绍尖端科技人才赴中国交流。

目前在川投资兴业的新加坡华侨逐年增加，无一例外地看好四川丰富的自然资源、人才资源，看好四川广阔的市场和不可多得的发展良机。杜志强介绍新加坡知名企业家在川投资发展，并紧随"一带一路"倡议，为国内知名企业服务，帮助国内知名企业落地新加坡，设立区域总部和开拓东南亚市场。

鉴于杜志强为促进新中两国之间友好交流和经济发展所做出的巨大贡献，中国政府给予他很高的荣誉和褒奖。2004年6月，他入选"全球百名侨领"。多次出席世界华侨华人社团联谊大会及相关重要活动，受到三届党和国家领导人接见。并多次受新加坡建国总理李光耀及现任总理李显龙的邀请，出席新加坡政府的重大活动，受到新中两国政府的高度信赖。

作为积极参与中国与新加坡两国之间经贸、文化等交流领域的一名社会活动家，他低调谦逊、敢想敢干、遵纪守法，在社会上享有崇高的信誉，始终拥有人生梦想的杜志强正为新中友好不断超越。

新中民间文化交流的拓路者

——记"春城洋溢华夏情"创办人林璇利

　　"春城洋溢华夏情"文化艺术旅游展，是新加坡民众特别是华族欢度春节的必不可少的文化"大餐"。自1994年创办以来，已经陪伴了人们20多年，带给万千新加坡人欢乐祥和，传播了博大精深的中华文明魅力，促进了新中两国的文化艺术交流，增进了新中人民之间的友谊。对新春佳节欢聚一堂的千家万户的新加坡华人来说，它几乎

林璇利

可以类比中国中央电视台的"春节晚会"之于大陆百姓。

　　这项享誉全国、有着巨大影响力的文化盛会，已经成为政府与公众高度赞誉和年年期待的文化品牌，不只吸引新加坡各族人民，还受到来自世界各国友人的欢迎。而这一活动的兴起与发展，始于新加坡厦门公会会长、金航国际发展有限公司董事长林

瑢利当年的神奇创意，及多年来坚持不懈的执着投入。

机缘巧合，"春城"首登新加坡

每年在春节期间举办、时间跨度一月有余的"春城洋溢华夏情"文化艺术旅游展，活动现场选择在人流众多的高级商场，利用广阔的空间，面向最大众的人群，集中国文化艺术表演、民间手工艺和旅游展销为一体，以丰富多彩的舞台表演、技艺高超的手工艺演示，和各具特色的中国旅游展销，在万家团圆的节日里，为新加坡民众送来节日祝福和欢乐，丰富了人们节日期间的精神、文化生活，也滋润着新加坡人的文化底蕴和艺术修养。

这样一个盛大的节日活动，起源却充满了偶然、即兴。孕育它的是林瑢利女士的热心和灵动，新中两国众多有心人士的积极襄助是促其成功的重要因素。

新加坡以华族人居多。华人过春节（农历年），向来有借助鞭炮驱除邪恶、祈求平安与幸福的传统。针对燃放爆竹造成的空气、噪声污染及安全隐患，政府立法严禁燃放爆竹，随之而来的是，佳节气氛沉寂下来。为了营造新春伊始，人民乐观、和谐向上的欢乐氛围，政府自上世纪70年代开始组织"妆艺游行"，80年代开始举办"春到河畔迎新年"，但整体效果仍不够理想。"妆艺游行"吸引了许多热情的外国友人，但呈献和体现的却不是华族庆贺新春的文化。因此，如何增加春节的文化活动内容，营造热烈而祥和的节日气氛，成为政府和各界群众关心的话题。

林瑢利祖籍福建晋江，1976年成立金航旅游业有限公司，主要从事新中两国的旅游交流。一次，时任新加坡金航国际发展有限公司董事长、新加坡厦门公会会长的林璒利带团去厦门，认识了厦门市文化局局长彭一万。林璒利请教怎样丰富新加坡春节文化活动，让更多的民众感受到浓郁的节日气氛。其时，由刚刚毕业于北京舞蹈学院的35名舞蹈演员组成的厦门小白鹭艺术团正准备去菲律宾演出，彭局长向林女士推荐艺术团顺道访问新加坡，林璒利敏锐地感知到，这是一个很好的创意和机会。

艺术团演员办理赴新签证时遇到波折，林璒利向时任社会发展部高级政务部部长的庄日昆先生求援。庄日昆对林女士的想法很赞同，在他的推动下，签证问题迎刃而解。庄部长此后每年都是第一个出席"春城"开幕礼，带动很多政府官员加入支持"春城"的行列。林女士感慨地说，没有庄部长的全力支持，"春城"就不会启动和开展。

林璒利在中国上海中旅社、云南中旅社的协助下，争取了上海魔术团和云南艺术团成行新加坡，这使得第一届"春城洋溢华夏情"文化艺术旅游展的演出阵容包括了三家来自中国的高水平艺术团。

广东中旅企业集团公司董事长曹裕恒动员汕头、潮州、肇庆、韶关市中国旅行社和广州华厦大酒店、华侨酒店、中国民航驻新加坡办事处共同参加在新加坡举办的"94中国游暨广东工艺品展销会"，壮大了第一届"春城"的气势。

就这样，由林璒利倡导发起、两国多方人士支持的第一届"春城洋溢华夏情"于1994年1月20日至2月9日在来福士商场隆重举行。来自中国的三家艺术团体，各自奉献出最精彩的表演，每天三场的轮番演出，让习惯了安静有序的商场华彩涌动，舞姿翩跹，壮观的场面、精湛的演出、热烈的气氛，一时间惊喜了每一个逛商场的顾客、游人，赤道人感染了来自中国浓浓的春意和佳节的欢乐气氛。那一刻，众人兴奋欣喜、快乐异常。

除了歌舞演出，还有10名来自广东的工艺师现场精心制作巧夺天工的工艺品，展卖剪纸、年画、挥春等等。主办方在旅游展方面推出了40多种不同的中国旅游路线，展销会期间报名的人士，享受旅费优惠折扣和精美的贺年礼品，爱到中国旅行的新加坡人收获另一份欣喜。

"春城洋溢华夏情"打响了首登新加坡的第一炮，并从此开启了20多年经久不衰的历程。

精心培育，"春城"精彩扬美誉

林璇利推出的第一届"春城"华丽登场，却亏了不少钱，幸好有几个好朋友"及时雨"般帮忙。她坦言，当时并没有想要长

2013年，天津歌舞剧院在黄金剧场呈献《异彩流金》专场演出

长久久，原本只想试试看。第二年，有了经验的林璒利开动脑筋，用做特刊、招广告来弥补开销，并请企业界的朋友赞助，也把金航的盈利投入在"春城"上。就这样，年复一年，"春城"竟然一路走来，延续至今。不论是外人，还是当事者林璒利，都觉得这一切不可思议。

一年年做下来，"春城"如何吸引人们的注意，如何适应日益提高的欣赏要求，达到年年推陈出新的效果，作为主办方的林璒利煞费苦心。她奔走中国大江南北，考察艺术节目，约见各行业大师巧匠，寻访各地美术工艺品，精心挑选节目，在确保演出规模不断壮大的基础上，保证表演年年精彩，展品一年比一年新颖。

20多年来，这项活动每年从岁末开始，跨年结束，展演最短18天，最长48天。1998年起，"春城"进入30天以上表演期，是新加坡为期最长的贺新春活动。

"春城"主办方不断探索、创新，活动的形式越来越丰富，内容越来越充实，水准越来越高，影响力日益上升。2016年杭州歌剧舞剧院《遇见大运河》和甘肃省歌舞剧院《丝路花雨》，在参加"春城洋溢华夏情"期间，登上了世界级艺术殿堂"滨海艺术中心"做专场演出，这是20多年"春城"的第一次。滨海艺术中心的档期很满，能给"春城"一个星期的档期，说明了"春城"的影响力和节目的高水准。

正是因为不断推出新的创意、高素质的节目和丰富多彩的艺术形式，才使得"春城"年年出彩，成为越来越受公众欢迎、魅力持久的文化活动。

开路搭桥，新中交流有心人

　　"春城洋溢华夏情"文化艺术旅游展以"一条联系新加坡与中国友情的纽带、一个展现中华文化的舞台、一场推广中华旅游的盛会"，为新加坡人民营造华人春节喧闹欢腾的气氛，成为新加坡人欢欢喜喜、热热闹闹庆贺农历新春不可或缺的重要活动，"用中华民族精湛的艺术文化，点缀狮城新春美丽风采"。每年在喜洋洋的节庆，新加坡人民享受着异彩流金的视觉盛宴。长年都是夏天的新加坡人，看到和听到"春天的脚步近了"；年长的华人，或许被唤醒童年的记忆；年轻的80后、90后的姑娘小伙儿，在成长过程中，也增添了共同的美好和温馨的记忆。节庆，特别是一年一度的新春佳节，需要合适的形式来承载辞旧迎新的内涵，而"春城洋溢华夏情"恰好承担了这一份责任。

　　新加坡音乐家协会会长李煜传说："这些年，我们在不知不觉中受'春城'的感染，盼望和期待她的来临。她每一年带来不同的精彩表演，填补了新加坡新年气氛的不足。她已经渐渐地成了狮城'春天'的一个组成部分。"

2014年，新疆生产建设兵团杂技团在黄金剧场呈献《在那遥远的地方》

从"春城"中获益的不仅是新加坡民众,借着"春城洋溢华夏情"文化艺术旅游展,每年都有来自中国的高水平的表演艺术家和工艺师走出国门,在新加坡见识了开放的文明、现代化建设的成功,开阔了眼界,并有了更自信地走向世界的底气。在90年代初中国刚开始与世界接轨之时,林琷利在推动中国艺术走向世界、传播中华古老文明方面的贡献影响深远。

这项同时是旅游展的活动,每年带动数以万计的新中两国人民互相交流、来往,推动和促进了两国人民的友谊、合作和经济发展。

中国前驻新加坡大使张云在2006年"春城"特刊献词中指出:"金航旅游有限公司举办'春城洋溢华夏情'以来,中新两国的文化交流也得到了长足的发展。从官方到民间,双边的文化交流络绎不绝。文化以其独特的魅力,为增进两国人民的友谊、促进两国关系的进一步发展,发挥了不可替代的重要作用。"

教育部兼贸工部政务次长刘燕玲在2014年"春城"特刊中指出:"春城洋溢华夏情"能受到国内外各方的广泛关注与赞赏,"说明它有很强的生命力和发展潜力"。这个盛大的文化艺术活动,"不仅属于新加坡,也属于世界"。

展望未来,明日"春城"更璀璨

"春城"要不要继续办下去? "春城洋溢华夏情"20周年的时候,林琷利特别纠结。

来自观众的是强烈的反对意见。"没有了'春城',我们的年怎么过?"一名忠实的"春城"观众说,观看"春城",不仅是视觉享受，还是寻觅一份感情。政府官员和国内外友好人士也坚决反对停办"春城"。他们认为"春城"如果停办，不仅是金航一家公司的损失，还是新加坡的损失。

卫生部部长颜金勇在2013年"春城"特刊中说："'春城'有一个非常重要的使命，就是把文化、传统与价值观传承下去，这是不变的重心。我们必须把这些保留下来，一起努力发扬它，帮助新一代了解自己的文化根基。"即便新加坡政府没有资助"春城"，政府官员仍然以协助签证和出席开幕礼，给予"春城"支持和鼓励。

支持也来自中国方面。2013年起，"春城"成为中国文化部所主办"欢乐春节"的重要成员之一。"欢乐春节"是中国文化部主办的华人春节文化活动，覆盖119个国家，它借助"春城"平台踏足新加坡。2015年11月，

中国文化部部长雒树刚（左）向金航公司代表林瑝利（右）授牌

中国文化部部长雒树刚随国家主席习近平到访新加坡，部长亲自向成为"欢乐春节"重要成员的金航公司授牌。2016年起，"春城"开始得到中国文化部经费上的支持。"欢乐春节"成员由文化部部长亲自授牌，金航是第一个，迄今也是唯一一个。这是对"春城"这些年来在传播中华文化和连接新中友谊方面所做出的成绩的肯定，也是最强最有力的支持。

"春城"如今更新为"春城洋溢华夏情暨欢乐春节文化艺术

旅游展"，这一活动的地位提高了，影响力也更大。林璔利和她的金航集团更有信心，会继续坚持中国民间传统文化艺术活动和旅游活动相结合的道路，把这个深受新加坡人民喜爱的品牌文化项目做好做久。

德誉狮城的教育名家

——访新加坡创新专业教育学校校长马莉

在狮城教育界，马莉是个响当当的人物。作为新加坡创新专业教育学校创办人，她先后荣获"新加坡女老板奖（2012—2013）""新加坡卓越贡献奖（2013）""新加坡教育领头人（2014）"等殊荣。她经营的学校被

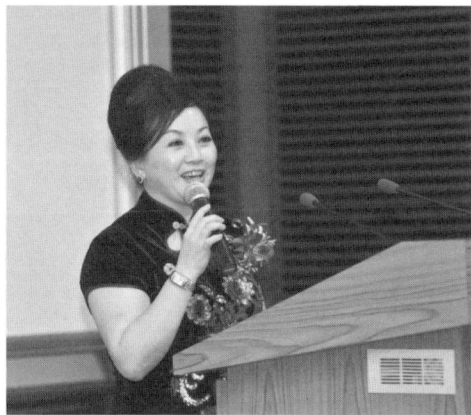

马　莉

授予"新加坡中小型企业奖（2010）"。她的教育理念和创业故事，在业界广为传播，成为佳话。

初见马莉校长，便被她高贵的气质所折服——一袭长裙，温文尔雅，虽已步入中年，但岁月的刀痕依然无法掩饰其天生丽

质。特别是时尚的发型和不俗的穿着，使其周身散发着浓浓的艺术气息。提起昨天岁月的过往和今日事业的辉煌，她侃侃而谈，豁达乐观，始终给人一种勃发向上的力量。

以苦作舟

上世纪90年代初期，怀揣着出国梦想的中国姑娘马莉，从吉林长春来到万里之外具有"狮城"美誉的新加坡，通过了新加坡政府的严格考试，成为新加坡当年大力发展华文教育政策下，从中国引进的第一批中国华文老师，从此开始了她在南洋的人生之旅。

初来新加坡，马莉被政府有关部门安排在一间美国学校从事华文教学。这间学校管理非常严格，对老师的言谈举止和衣着要求更为苛刻。尤其是对外来老师的不公平待遇，让刚刚二十出头的马莉愤愤不平。同时学校还规定，除了上华文课时讲华语，其余在校时间必须说英语，并用英语写教案。这对当年英文水平较弱的她来说，无疑是一种挑战。在很长一段时间里，她不仅饱受着委屈和白眼，更多的是对自己前途感到无望，常常有度日如年之感。但她是个不肯服输的女子，因为不甘于平庸，她才来到南洋。面对眼前的困局，她积极调整心态，化压力为动力，在人际关系荒芜的异国他乡，倾其全力耕耘着自己的事业田园。

"我有唱歌、跳舞、演讲、绘画等特长，正是这些特长，成就了我人生的转机。"采访中，马莉告诉记者，自己曾无数次想到回国，每一次心情低落时，她都告诉自己，不可以放弃自己的选择，只有成功了才可以荣归故里。从那时起，她开始认真地学习英语，在完成岗位职责的同时，积极主动地参与到学校其他的建设和发展中。

学校的围墙多年来一直空着，马莉在请示校领导同意后，决定把围墙绘制成图文并茂的校园"文化墙"。为了使"文化墙"服务于学校的教育工作，她根据课程和节庆的需要，设计不同的主题，在围墙上挥描写画。这种寓教于乐的文化传播形式，极大地丰富了全校师生的校园文化生活，成为学校里一道亮丽的风景线，受到领导赞誉、师生欢迎、家长好评。

就这样，一度苦闷的马莉体会到了自己的人生价值，在完成学校华文教学任务的同时，她发挥特长优势，为自己找到了一个又一个大显身手的机会。学校举行年终毕业生文艺汇演，她的文艺天赋又派上了用场。一场两个多小时的文艺晚会，她不但是编排者，还是总策划、总顾问、总编导兼大会主持人……当晚会谢幕时，老师和学生们把热烈的掌声送给了她。

但掌声的背后，是常人难以想象的辛劳。新加坡气温四季如夏，太阳每天像个火球似的顶在头上。为了躲过太阳的炙烤，她天没亮就来到学校，踩着椅子、蹬着梯子在学校的墙壁上绘画，当一面墙壁绘制完毕时，她已累得直不起腰来。由于长期的"涂鸦"劳累，至今还留下了脊椎第七骨骨膜的永久损伤。

是金子放到哪里都会发光。终于，学校管理层向她投来关注的目光，更多的展示机会随之而来。她从不懈怠，每一次都要求自己精益求精，做到更好。这期间，她的英文水平也得到大大提高，常常代表学校参加新加坡举办的华语演讲比赛，每次都取得优异的成绩，为学校争得了荣誉。

皇天不负苦心人。几年后，马莉坐到了以往想都不敢想的副校长职位上。在接下来的三年时间里，她在副校长的岗位上不懈努力，赢得了全校师生的尊重和爱戴。

离职创业

三年后，在别人看来的事业巅峰时刻，马莉却做出了她人生的又一个重大决定：离职。尽管老板挽留、同事不舍，她依然离开了这所倾洒了她青春汗水的美国学校。她的离职，在很多人看来是一件"疯事"。最让人们大跌眼镜的，是她离职后的选择。

离开美国学校后，马莉走进一间只有 3 名学生的学校。许多人对此不解："马莉要干什么？"在这间3个学生组成的学校里，马莉运筹帷幄，按照自己的构想，规划学校的未来。虽然很苦很累，却得到了老板百分百的信任。

对一个事业型女人来说，没有什么比放手让她去做更令她振奋的了！马莉咬紧牙关，抱着感恩的心，一切从零开始。很快，学生从 3 名增加到80名，又增加到800名。数字说明了成绩。采访中，马莉坦言："这间学校给了我前所未有的自信。"可是当学校一切走向正轨的时候，她却再次选择了"离职"。

这一次，马莉决定自己办教育，做一个对家长和学生负责，也对自己负责的教育家。

提起当年的两次离职"壮举"，马莉告诉记者："我之所以离职，是因为文化和认知的差异，使自己的教育教学理念无法得到更有效的实践应用。离职，是为了寻找和创造更适合自己发展的平台，迎接新的事业挑战。"

接受挑战，不断前行，这是马莉的性格。也正是这种个性，让她以后的命运波澜起伏，进而成就了她精彩纷呈的人生。"如果没有当年的两次离职，就没有今天的创新学校。"马莉说。

2003年，还不富裕的马莉东拼西凑了10万元新币，接手了一间开办10年之久的学校。"从买下这间学校到次年元旦开业，几个月时间里，我没有离开学校一天。我几乎是独自一人将学校装扮一新。"马莉说。开学第一天，每个走进来的人都惊叹不已。当时就有一位王姓老师表示，即使没有薪水，她也会为马校长"打工"，因为她从马莉校长这份特异的"能量"中，看到了学校的未来。

然而，未来只是一张蓝图，创业也不是几句豪言壮语那么简单。整整一年时间，马莉的学校办得十分艰苦。开办华文补习学校，第一步就是要打响名声。学校附近大多是有地住宅，为了节约费用，她放下一校之长的"尊严"，一家一家地发送招生传单。炎炎烈日，连续数日在湿热的高温下奔走，她的脸上晒出了疹子，脚底磨出了水疱，她还是执着地坚持着。

第一年，马莉成了全校老师的"打工姐"，在学校生源缺

138

少、收入不好的情况下，她尽全力为老师提供较好的工作环境，保障他们有理想的工资收入，而她自己，则靠微薄的积蓄养活自己。为了省钱，她生病了也不敢去看医生。正是她这种吃苦耐劳、锲而不舍精神的引领和感召，很快打造了一支高素质的创新教育团队，"找合适的人，做适当的事，我的老师们始终给我以最大的信心。"马莉说。在全员的努力下，一年后，很多学生的成绩提升了，学校也赢得了家长以及社会的信任。

付出迎来了收获。凭借良好的口碑，创新专业教育学校很快成为众多华文教育培训机构中的一枝独秀。2010年小六会考，学生袁俊杰在接受创新的华文培训后，高级华文取得第一名的成绩，以全A的高分成为当年的状元。

以德治学

教育是一门润泽心灵的事业，教师是人类灵魂的工程师。从办学那天起，马莉就给创新学校定下了"以德治学"的立校原则，"我的办学理念是，不能看重短期利益，要做到百分百的付出，只有社会效益和经济效益双赢，才是长久的经营之道。"

以德治学，这是马莉的事业操守，也是她对全校老师提出的要求。她说，老师的职责是"授业、传道、解惑"，这就要求，作为老师必须为人师表，在人品和学问方面做别人学习的榜样。而她自己，则身先士卒，做全体老师的表率。

为了做一名优秀的校长，创办狮城家长认可的华文学校，她在深刻学习当今世界先进教育教学理念的同时，还自己亲登讲台授课，在课堂一线和老师们切磋，与孩子们互动。在真情交流中，不断改革和完善学校的教育思想体系，为自己创办一流的狮城名校提供了决策参考。

在新加坡，华人占总人口的70%以上，华语培训市场竞争日趋激烈。个别不良执业者为了争夺学苗，不惜昧着良心诋毁同道，破坏行规。面对这些，马莉总是沉着应对，以理服人，以德感人。一次，当地一位名人的孩子来学校学习。交钱后，由于受不良执业者的蛊惑，孩子的母亲第二天到学校吵着要退钱，而且严厉地指责学校骗人钱财。按照行规，交费后概不退款，何况只是一堂试听课。正当值班老师为此愁眉不展时，马莉赶来了，问明情况后，她和颜悦色地告诉家长冷静下来，理性对话。她说："教育是办给孩子的，学校办得好与坏孩子最有发言权，让孩子听完这一堂课后你再做决定也不迟。"她不卑不亢地向家长承诺："如果听完课孩子不满意，我可以退钱，但是在没有上完课之前，我不能接受您对我们学校的评价。"结果孩子上完课后非常满意，直说："这间学校老师讲课太好了！"

"德才兼备，才是完整的人生！"这是马莉的为人准则，也是她的治学标准。采访中，她告诉记者，"我们创新专业教育学校不只是教好华文，更要让孩子们懂得做人的道理。"在马莉看来，归根结底，"以德治学"是为了育人铸魂。

在创新专业教育学校，有个雷打不动的制度——周末免费主题口语课。每到星期天下午，课堂里都特别热闹，在这一周一次的免费主题口语课上，老师循循善诱，为学生们导读世界古典名著，在古典名著中捕捉经典名段，对学生们进行面对面的言传身教。比如，当老师讲到《弟子规》中的"兄道友，弟道恭，兄弟睦，孝在中"时，就告诉学生"兄弟姐妹应和睦相亲"的道理，并让大家讲解发生在自己身边的有意义的故事，帮助学生树立正确的道德观念。

顾名思义，创新专业教育学校的名称，已经说明了她的神圣使命和教育担当。马莉说："教育改革是狮城发展的要求，我们创新专业教育学校就要走在改革的前列，不断探索，敢于创新！"为此，她向社会表态，"创新学校不仅教华人的孩子说华语，外国人也一样教得会！"

一直以来，华语的博大精深让许多外国人望而却步，马莉却决定啃这块教学硬骨头。她和全校师生共同探索，倡导兴趣教学和情境教育，通过采用实物实教的方式，让来自世界不同地方的孩子零距离学习"看得到，摸得着"的华语。这种将语言表现为实物、用实物转换为语言的教学手段，从心理上打破了洋孩子家长们固有的"华语难学"的思想壁垒，生动地将华语根植到洋孩子的思维中，受到家长和学生的欢迎。特别是学校推出的"说相声"表演活动，让洋孩子在校外许多重大场合上"露脸"，让他们感受到了华语的艺术美，感受到了华语相声表演带来的荣耀。新加坡现任总理李显龙和吴资政为此深情点赞，在狮城掀起了一场对华语教育形式的大讨论。

正是这种勇于探索、甘于奉献、敢于创新的精神，不断提升创新专业教育学校的教育品牌。如今，创新学校的老师不少已跻身狮城教育名师的行列。有的老师通过创新学校这个平台展示自我风采，进而走上了更宽阔的事业舞台。20多年来，由马莉和创新学校培养的数以千计的学子中，许多人已经成为社会的栋梁。

"做人要晶莹剔透，诚信、光明；做事要水滴石穿，用心、坚持；对人要润物无声，乐施、奉献；对己要自我超越，勤学、多做。"这是当代著名教育专家余世维博士的管理名言，也是马莉校长始终坚守的事业座右铭。20多年来，她全身心投入到狮城教育事业中，打造了创新教育机构独具特色的校园文化，不但把学校办成了家长信赖的狮城名校，自己也成为社会认可的教育名家。

当代《诫己书》的启示

——记中新文化传播者赵炳利博士

新加坡陕西同乡会会长、新加坡佳士达投资有限公司董事长赵炳利博士是一位传播中新文化的热心者。面对这位来自黄土高坡的三秦汉子，可以时时感受他"月是故乡明"的情怀，及为中新文化传播竭尽全力的赤心。

对他的访谈是在丹青满壁、诗情画意的会长家中进行。他给人的第一印象是儒雅谦卑、平易近人，低调的言谈，与其风起云涌的丰富阅历形成了鲜明对照。

赵炳利

赵博士来自闻名遐迩的丝绸之路的起点——陕西。他是这方演绎了周秦风云、孕育了盛唐文化的古老土地上走出来的佼佼者。80年代初，年方25岁的他就获得中国矿业大学颁发的硕士学

位，直接分配到国家煤炭工业部工作。其研究生论文被俄罗斯科学院作为文献收录。30岁的他出版专著，31岁便晋升高级工程师。他是一位跨界的成功人士，除了学业精益求精，卓有成就，职场平步青云、顺风顺水外，他选择与多数人不同的发展路径，弃政从商，在风起云涌的商海里左右逢源，企业做得风生水起。来到环境优美、经济自由开放的新加坡之后，他以中国传统文化和先贤美德为信条，将中国历史积淀的理念、情怀传播到新加坡，成为内外兼修、有作为且有文化内涵的跨界才俊。

笃信"淡泊明志，宁静致远"的境界

诸葛亮是三国时期著名的政治家、军事家，在中国是家喻户晓的历史人物，他治国安邦的业绩广为传播，他留下的众多文章和名言被后人铭记，他写给后代的《诫子书》中所言"夫君子之行，静以修身，俭以养德。非淡泊无以明志，非宁静无以致远"，多少年来千古传唱，成为后人修身立世的金科玉律。只是，能诵之者多，能为之者少。赵炳利先生便是一位亲力亲为者。他对"淡泊明志，宁静致远"的笃信与慎行，令人印象深刻，他为此付出的努力非常人所能及。他把中华传统美德巧妙运用在企业发展、社团管理和建设中，践行了诸葛先生的教诲。

赵博士在新加坡从事投资公司的经营，同时他积极参与社团组织和社会慈善活动，积极融入本地生活，与陕西乡友们建立了深厚的友谊。2011年在新加坡的陕人乡友们发起成立同乡组织，但是，4年来却只有框架，难寻德才兼备、有实力与威望的领导人。2015年赵博士在众乡友的热心推举下，担任了陕西同乡会会长。本来这有违向往清净生活的赵博士的初衷，他也推辞婉拒过，但考虑到能为家乡、为乡亲做事情，为华人传统文化推广敬献绵薄之力，赵博士还是义不容辞地承担了这份担子。

在赵会长的倾心付出、慷慨解囊之下，新加坡陕西同乡会很快具备了运作的资本以及壮大的能力。此时，赵会长深思熟虑的是如何定位同乡会的宗旨、目标，或者说要把同乡会办成怎样的组织？赵会长和他的团队经历了缜密的思考与严肃的讨论，他由自己多年来在企业管理上的心得，更由诚心尊奉的文化理念出发，鲜明而概括地提出了同乡会遵循会员之间"人人平等"的原则，严守"欣赏、齐心、奉献"的六字方针，坚持"企业搭台，文化唱戏"的办会理念，为身处新加坡的广大陕西同乡提供一个互帮互助的平台。他与团队成员一起，将这些重要的理念归纳和融化在同乡会章程中，成为社团组织健康成长的基石。

同乡会的会员们有不同的教育和社会背景，有着不同的年龄层次与思想境界，经过几年时间的培育与发展，已经不负所望地成为一个团结和睦的大集体，这与领导人赵博士遵循"宁静致远、淡泊明志"的理念息息相关。他明确提出要将中华传统文化精髓注入社团服务与管理建设中，倡导和鼓励会员真诚相待，自觉奉献，互相帮助，共同进步，给彼此带去关爱和温暖，在横跨各行各业的合作中实现最大的共赢。当这些理念被大家普遍接受和实践时，同乡会已经办得热热闹闹，红红火火，充满生机和活力。

赵会长经常拿先贤的境界教育会员，"宁静致远、淡泊明志"的信条常挂在嘴边，更用自己的实际行动来带动和影响大家。他真心希望会员之间平等互爱，没有攀比、没有势利、没有隔阂、没有怨怼。赵会长自己有着高远的志向，但他不图名利，只想将同乡会的事业"当成慈善来做"，"让每一个在新加坡的陕西人都知道这个平台"，能从中得到关爱和帮助。

把同乡会办成温暖和有感召力的会员之家

　　赵会长带领着陕西同乡会蓬勃发展，不到两年的时间，发展为拥有一千三百位注册会员的团体；从章程不完整到各项手续严格完备，从不为人所知到各路媒体大幅报道，同乡会在日渐壮大。

　　笔者从2015年度"新加坡陕西同乡会大事记"中，窥见陕西同乡会强大的社团凝聚力和文化使命的传承精神：

　　3月8日晚，同乡会在新加坡东海岸公园举办"情系乡友"烧烤联谊晚会。

　　4月5日晚，赵炳利会长、马双禄副会长、舒然理事受新加坡958广播电台之邀，在"城市三人行"栏目，向听众介绍了新加坡陕西同乡会发展情况和陕西的悠久历史及传统文化。

　　4月14日，《联合早报》以半版篇幅对陕西同乡会做了介绍。

　　4月14日，由陕西省人民政府主办的中新合作项目推介会在新加坡香格里拉酒店举行，赵炳利及13名理事组成的代表团受邀参加盛会。

《联合早报》报道"陕西同乡会欢聚共庆新春"

5月2日，同乡会在杜尼安路JARDIN顶层会所，精心组织"陕西同乡谈家乡"联谊晚会，130名会员参加了这次聚会，达到了深化乡情、凝聚人心、共谋发展的目标。

5月10日，同乡会文学沙龙开启陕西同乡会艺术活动新的园地。

8月1日，新加坡宗乡总会和华族文化中心举办宗乡会馆"爱国歌曲大家唱"活动，陕西同乡会35名会员参加，扩大了同乡会的知名度和影响力。

9月12日晚，同乡会组织"秦风秋月满狮城"中秋联谊晚会，200多名会员参加聚会，节目秦风浓郁，妙趣横生；美食丰富多彩，地道正宗；活动美轮美奂，精彩纷呈。9月21日的《海峡时报》和9月28日的《联合早报》分别报道了同乡会喜庆中秋的盛况。

9月22日晚，赵炳利会长一行3人，出席了中国驻新加坡大使馆举办的"庆祝中华人民共和国成立66周年"国庆招待会。

9月28日晚，赵炳利会长一行4人出席新加坡华族文化中心在滨海湾举办的中秋雅聚晚宴。

11月9日晚，新加坡宗乡会馆联合总会30周年庆典暨筹款晚宴，主宾李显龙总理发表讲话，赵会长受邀率十位理事盛装出席筹款晚宴。

传承中华古典文化，为家乡建设无私奉献

2016年9月19日，《联合早报》以题为《非一般的移民家庭——诗画会友、搭建乡情》的专题报道，大篇幅地介绍赵会长

在传承中华文化、服务家乡建设中的成就和情怀。

陕西是名扬四海的丝绸之路的起点，它有着周秦汉唐的悠远历史、太白紫柏的巍峨壮观，又是繁荣昌盛的经济中心、高校密集的教育重地。赵会长除了乡情阙阙，更有志于凭借自己作为成功企业家的运筹帷幄，为家乡繁荣奉献才智。这些年来，无论在旅游业、教育业，还是金融投资上，他都致力于为家乡搭建一个向外宣传、向内引进的平台，其中新加坡陕西同乡会也自然当仁不让，肩负起促进中国、新加坡两国商贸、文明交流的职责。

2016年9月19日，《联合早报》以题为《非一般的移民家庭——诗画会友、搭建乡情》的专题报道大篇幅地介绍赵会长一家

访谈中的赵会长让人感受到乡情浓厚，但他言语间却只是云淡风轻，"凡事不能以自我为重心"，他反复强调，"将陕西这个文化大省深厚的文化底蕴、好技术、好产品带到世界舞台"，是他应尽的责任，同时，也"通过同乡会这个平台，汇聚在新加坡的优秀企业家，将投资带回陕西，为两国商贸做出贡献，为家乡的经济发展尽一份力"。

陕西同乡会三年来举办了各种各样丰富多彩的文化、经贸活动，为会员们搭建了一个聊乡音，叙乡情，携手合作，互利共赢

的平台，也成为连接陕西和本地的一座桥梁。

陕西同乡会与中国政府方面的交流互访也逐步增多。2016年6月，同乡会理事代表团受邀赴陕西参访，参加由陕西省人大常委会副主任李金柱主持召开的座谈会，赵会长与企业家代表团就支持陕西招商、引资及宝鸡市投资发展，进行了友好的交流。同乡会理事代表团实地考察了宝鸡高新区、宝鸡市高新区科技新城、吉利汽车、钛谷检测中心、陕西广播电视大学多地，与各行各业达成合作共识。

陕西文化历史悠久、内涵丰富，如何在新加坡最大化地弘扬陕西文化，让更多的乡友参与其间？同乡会按照赵会长提出的"企业搭台、文化唱戏"的办会宗旨，力求同乡会的发展和运作高品位、高层面，卓有成效的首届"陕西文化艺术美食节"就是这一理念的有效实践。

2016年9月18日，新加坡陕西同乡会首届"文化艺术美食节"热闹开场。陕西美食荟萃，书画绘画摄影大展示，陕西秦腔、陕北民歌、三句半说唱等才艺大比拼，陕西文化艺术淋漓尽致地呈现给岛国人民，获得广泛的褒奖和赞誉。美食节上，赵炳利会长发表了热情洋溢的致辞，重申了同乡会"互帮互助、合作共赢、共同发展"十二字方针，号召大家群策群力，共同把同乡会办得越来越好。

2017年2月12日（正月十六）由新加

赵会长在"2017新加坡陕西同乡会、新加坡陕西商会新春联谊会"上发表致辞

坡陕西同乡会、新加坡陕西商会联袂举办的新春联谊是又一盛举。新加坡贸工部前高级政务部长、通商中国主席李奕贤先生及中国驻新加坡大使馆参赞兼总领事王家荣分别作为主宾和特邀嘉宾莅临，200多位乡友慷慨解囊，为活动赞助财物。

当被问到对还在探索人生轨迹的年轻人有什么样的寄语时，赵会长语重心长地强调了对进德修业的不疲不倦，以及在人生格局上的志存高远。看

赵会长受邀出席宗乡总会、通商中国、华族文化中心联办的2017新春午宴，与中国驻新加坡大使馆陈晓东大使（左）在一起

来，无论是"诚己""诚子"，还是"诚青年"，赵会长都真心推崇中华传统文化的修身养德、淡泊明志、宁静致远等中华儒家智慧，严格恪守君子之行。希望这样岸芷汀兰般的品性可以写进更多当代人的《诚己书》，敦促人们舒朗地徜徉在人生的霁月清风中。

初稿作者　林苏欣

新丝路上的幸福传播者

——记勇于探索教育新领域的甘波博士

采访新移民甘波博士，是他参加完2016年10月谷歌公司在吉隆坡举办的情商课程"搜寻内在的自我"的第二天。

甘波，毕业于新加坡南洋理工大学，所学专业是微电子和纳米科技。他转型从事教育事业，始于2012年创办新加坡励知学院。多年来，他热情回报社会，热心公益事业，向新加坡国内外的各个阶层人士提供培训、辅导，受惠者众多。

甘　波

甘博士热爱故乡，关心中国的建设和发展，积极参与"一带一路"的宏大计划实施，通过福流科技这一平台，发挥联结东南亚的渠道优势，在中国多所大学、多个城市和社会机构开展教育和智力输出。

我们乐意将这样一位年轻有为的教育家在探索教育新领域过程中的经历与成绩与读者分享。

融合跨界：工程师到教育专家的转型

甘波的教育背景是工科博士，是什么动力驱使他大幅度转型到"情绪能量管理"这个貌似心理学的领域呢？

新加坡《联合早报》曾经在新汇点专栏头条报道过甘波博士如何因为抚育养女而华丽转身，从工程师从容转型到教育专家的故事。然而当我们和甘博士攀谈之后，发现这个转型还有更深层次的原因。

按照甘博士的说法，人生中所有的点滴经历都会连接起来，在适当的时候形成一个完美的故事。我们在采访中也逐渐发现，甘博士职业生涯的转型不是一时心血来潮，而是多年长期准备，厚积薄发，跨界创新的结果；这种转型有它内在的逻辑。

对于教育的热忱，首先可以追溯到身为老师的父母的影响。

甘波自幼学习成绩优良，被人称为学霸，他却对学习不佳的

新加坡《联合早报》报道甘波事迹

新加坡《联合早报》报道甘波事迹（图中文字："因抚育养女过程曲折 工程师变身教育专家"）

同学寄予同情，和他们结交朋友，在各个环节上帮助他们。在充满竞争的学习环境中，这样的举动有些另类。了解他的人却知道，这是来自父母的影响。他父母一生热爱教育事业，是育人有方、卓有成绩的"园丁"，有着"差生班终结者"的美誉——差生班到了他们手上，都会在几个学期以内翻盘变好。甘波记得，为了帮助差生转型，父母经常把学生接到家里居住，给予温暖，也培养自律。好多学生多年以后的来信中称呼甘波父亲为"亚父"。受父母的长期耳濡目染，和差生近距离的接触，让甘波学会了与差生沟通。

不过，后来寻求机会转变任何一个和他相遇的"差生"，成了甘波生活中的一个业余爱好，还是有点出人意料，毕竟这是一份有相当难度的工作。

甘波转型教育的另一个原因，与他对养女辛苦曲折的教育培养直接有关。

他在32岁获得博士学位的时候，收养了一个12岁的女儿。当时亲生的儿子只有11个月，办理收养手续对他不仅是个繁琐的过程，而且是义无反顾的选择。在抚育儿女，特别是养女的辛苦的教育历程中，甘博士谈到自己曾经"揠苗助长"的经历。细心的甘博士观察到，虽然养女的智力和学业都有了长足进步，在班级名列前茅，但养女始终都带着忧郁的情绪，做什么事情都心不在焉，经常丢三落四。经过深度交流，他了解到这与孩子幼年不幸有关，被收养的时候，养女正经受着痛失双亲的苦难，这一磨难像永久的烙印，一直影响着孩子的情绪。

面对困难，甘波博士认为，有问题就一定有答案。工科出身的背景让他独辟蹊径，从能量的角度去研究情绪，借助生物反馈和生物能量测试仪等现代仪器对于情绪和情绪能量进行精准测量、定位，探索出一套情绪转变的方法，应用到养女的教育之后，效果竟然好得出奇，女儿的性格有了脱胎换骨的改变，变得非常有爱心和慈悲，经常参与公益活动，后来考进南洋理工大学，获得全额奖学金。

甘博士每次谈到与养女相遇的人生经历时，总是情不自禁地感恩养女就是他的人生导师。本来是一个非常难解的情绪疗愈问题，却带来了突破性的解决方案。甘博士经常挂在嘴边的一句话是，一个高水准的问题提出比解决问题更有价值，而养女就是那个带来问题的价值奉献者。

正是发生在养女身上突飞猛进和发人深省的转型，让甘博士看到希望，萌发了在教育领域创业的想法。而真正促成甘博士自主创业的关键时点是2011年10月苹果公司创始人乔布斯的去世。

早在2001年攻读MBA学位的时候，乔布斯就是甘博士的偶像和研究对象。他不但研究他的人生经历，也传播他的成功经验和著名格言。在共和理工学院任高级讲师期间，学生们流传最广的逸闻就是甘博士善用乔布斯的名言激励学生。他经常引用的是乔布斯2005年在斯坦福大学学生毕业典礼上那段寻找热情的句子：“你真正得到满足的唯一途径就是去做你坚信伟大的事业。而做伟大的事业的唯一途径就是热爱你所做的一切。如果你还没有找到，继续寻找，不要妥协。”

乔布斯的去世让甘波陷入了深思：生活中的热情到底是什么？在共和理工学院工作的前期，甘博士每个学期都会花充足的时间和学生们促膝谈心，他自己定下的业绩指标是每个学期帮助三个学生转型。随着职务的提升和工作重心的转移，他不再有直接接触学生进行深度转型的机会，乔布斯倏然离世，让他毅然决定办一所不一样的学校。

投身教育，创办励知学院

甘博士是个善于思考、敏于实践的年轻人，他迅速迈出了在新领域创业的第一步——收购一家私立辅导学院。2012年1月1日，他义无反顾地开始了新加坡励知学院的经营。学院里原有一群患有自闭症、多动症、阅读障碍的孩子，他决心用自己探索的教育成果，将这些受到心理、情绪、感情困惑的孩子拯救出来。

自闭症、多动症、阅读障碍都是常人避之唯恐不及的问题，很多辅导中心都拒绝收留他们。然而在甘博士眼里，这个充满疑问的世界反倒是一笔宝贵的财富和动力。此前，他在生物反馈技术方面刻苦钻研三年，拿出攻读博士期间通宵苦干的精神，把学校当成家，夜以继日，殚精竭虑，终于有了关键性突破。

甘博士通过研究得出结论，情绪不只来自大脑，也来自身体，因为身体是大脑的潜意识；情绪是能量，可以储存在身体的每个细胞之中，永久保留。生物反馈技术具有解读情绪密码的所有功能，一个类似电脑优盘的传感器，可以采集到类似于医院心电图和专业测谎仪的数据。经过专业分析，可以精准读出负面情绪的比例，情绪和谐的多少，身体压力的高低，甚至包括人的情绪潜能。所以任何情绪借助于生物反馈技术都可以看得见，可测量，可转变。在了解分析了众多的生物反馈仪器后，甘波博士选择了功能最强的心脏数理（heartmath）公司的产品，按照需求对软件加入了特殊功能。

这群原本不幸的孩子，很快得到了甘博士教师团队非常好的照顾。经过甘波与同事们一年多的辛勤努力，所有的自闭症、多动症和阅读障碍症的学生都得到了极大程度的提高或改善。2013年一名来自政府设立的专门的自闭症学校pathlight的同学，考入淡马锡理工学院。

一名小学五年级自闭儿童，经过每次2个小时的7次情绪辅导，最后克服了一切自闭症状，而且还能够辨别绝对音高，在纽约钢琴比赛上获奖。一个高考学生因为极度失眠，处于濒临自杀的境况。经过4个小时调整，完全消除了自杀倾向，再经过另外8个小时的调整，情绪明显放松。此后因为经常练习福流技术，不断感受到大爱和慈悲。后来他以非常好的状态参加高考，全科获得A，进入新加坡国立大学建筑系。

面向东南亚，参与"一带一路"建设

甘博士在教育培训中的积极探索获得丰硕成果，这更激发了他报效社会、普度众人的情怀。数年来，甘博士的培训方法不仅在新加坡获得大面积应用，而且逐步推广到东南亚和中国，获得很多教育机构和企业的青睐。在新加坡、马来西亚、印尼、柬埔寨、印度和中国，都有很多合作伙伴。

甘博士特别重视将自己的知识、成果在中国进行推广和应用，这里毕竟是生他养育他的故乡，有他童年、少年成长的足迹，有他可爱可亲的父老乡亲。特别是近年来中国经济快速发展，中国国家领导人的"一带一路"倡议在世界范围内产生日趋广泛的影响，掀起一轮投资、建设的热潮，这让甘博士开阔了视野和眼界，他有意将自己的事业放置于"一带一路"的宏大思路上，因为新加坡特殊的地理位置优势，非常便于向东南亚的辐射，甘博士立足福流科技，背靠中国市场，面向东南亚各国和地区，他的业务越做越大。

他先后在中国各大城市、高等学府等组织了80多场培训，包括清华大学、北京大学、四川大学、重庆大学、浙江大学等高等学府的总裁班，教师培训和学生培训，也包括联通集团、中辉期货、宁波市人才培训中心、凤凰纺织集团等企业培训，同时还涵盖了国内很多著名中学的高考前培训，譬如广东省实验中学，成都市四、七、九中学，重庆市一、三、八中学等。

在马来西亚，合作机构包括亚洲城市大学总裁班、成功集团（Berjaya）、双威（Sunway）国际、秘密配方（thesecret recipe）集团，甚至有马来西亚开放大学正在和甘博士接洽将福流科技引入高级大专文凭的培训。

甘博士通过个案咨询等方式，与亚洲各地的总裁、创业者、老师、家长和学生建立了广泛的联系，帮助很多人超越自我。在新加坡所辅导的一名银行副总裁在反馈中说，当面对压力接近崩溃，自己得到甘博士的帮助，在12个小时疗程中获得了清、静、稳的状态，妥善面对工作的高强度压力，产生更多幸福感。深圳一名副总裁在患有忧郁症和偏头痛的情况下，接受当面辅导和远程视频辅导相结合的方式，半年内完全根治。

甘博士计划在未来一年，通过培训福流培训师和福流工作站的连锁加盟计划，服务更广泛的国家和区域，包括中国、东盟等。

热心公益事业，造福更多民众

甘博士毫不讳言自己从事的是代表先进生产力的幸福产业，随着人们觉察力的提升和积极心理学的普及，未来会有更多人关

157

注、购买幸福快乐的体验。在过去五年的服务实践中，甘博士始终坚持公益和慈善先行。

早在2004年，甘博士就和新加坡丰收华夏教会合

华文教师们聆听甘博士讲课中

作，义务提供针对陪读妈妈的辅导和孩子的英才培训。2006年的圣诞夜，甘博士远赴印尼的实里班义务培训当地300多名华文老师的教育法。这样的义工方式后来扩展到白干巴鲁和廖省的很多群岛。在培训过程中，甘博士感恩于老师们的学习热情和对于教育事业的真诚奉献。

在新加坡，甘博士参与了本地的新移民组织天府会，在其中担任教育和科技小组的副组长，经常和本地其他社团开展合作，服务社会。甘博士利用自己的专业知识，也把爱心献给了本地的中风协会，为100多位中风人士和家属进行了情绪能量管理的培训。此外甘博士多次帮助来自中国的奖学金得主顺利融入本地社会以应付学习中的挑战。他也举办公益讲座提升学子的情绪能量。

此外甘博士在中国大地开展了无数的公益讲座，其中在宝鸡市的讲座受到热烈响应，1500人的大厅座无虚席，甚至过道上也挤满了200多人。甘博士还通过远程视频和语音长期义务辅导北京和深圳两位脑瘫患者，其中一位患者非常坚强，竟然在腿脚不便的情况下获得了北京理工大学的博士学位。他也借助上海福流工作站的设立，开始协助上海的一位孤儿的成长。

因为卓越的社会影响力，甘博士领导的励知学院2014年获得亚太杰出品牌奖。

当结束采访的时候，了解到清华大学积极心理学权威彭凯平教授2016年7月出版了专著《澎湃的福流》，向广大读者推广福流科技的出色实践。我们也因此感受到，甘波博士独特的视角和魄力，正进入一个充满未知，也充满机会的崭新行业。

祝愿甘博士和福流的每一个客户都有美满的相遇，在促进社会和谐、个人幸福的道路上取得更丰硕的成果！

丝路花雨书为媒

——访新加坡作家乔舟人

    24年前，东经103°51′、北纬1°18′，新加坡，乔舟人在这里定居。

    24年后，他写下的自传体长篇小说《野心蓝图》，成为一个时间对故事也对的极好"姻缘"，为中新丝路花雨带来了一缕淡雅的墨香。书中的作家，长发及耳，黑衣白裤，玉树临风，风度翩翩，完全是中国儒雅之士。

乔舟人

    2015年11月，中国国家主席习近平访问新加坡，为中国留学生张弦博士拍摄了50个新加坡人的梦想故事而点赞。乔舟人就是这50个人其中之一。

    乔舟人，原名周通泉，出生于上世纪60年代的重庆。他和同龄孩子一样，经历了知识的一度搁浅，而生活对他最大的恩赐，则是小脚奶奶最朴素的远见——木块认字。"人之初，性本善；玉不琢，不成器"……任墙外世界喧嚣，但墙内童声洁净。知识的光亮在灰色的年代耀眼闪进。高中毕业那年，适逢国家恢复高考，他考取了重庆大学。毕业后留校任教，恰逢中国改革开放，其中的一缕阳光，布施给了这位身上带着木块字香的青年。1985年，乔舟人阔别家乡，赴日留学。七年后，他拿着工学博士学位证书，携妻带子，漂洋过海，栖落狮城。

五年后，乔舟人便成为新加坡来自中国的首位注册工程师，并建立了自己的公司。学贯中西，才华横溢；纵横捭阖，驰骋行业。乔舟人以英语、中文、日语为工作语言，以建筑特有的文化符号为新加坡增添了一道靓丽的风景。2002年，日本三大报纸之一的《朝日新闻》报道了新加坡门户开放吸收海外留学人才为新移民，使年轻成功人士陆续产生的新闻，该报道以乔舟人的成功案例为实例。多年后，乔舟人作为新加坡鼎为土木顾问公司董事经理，同时兼任亚洲最高ASRS冷库结构顾问、新加坡最大的废料再生能源发电厂结构顾问，他在业内已斩获不菲的成就——他亲自设计了市值1.9亿新元的凯发创新中心大楼、市值6亿新元的全球最大海水淡化厂、新加坡超级集团新总部等，此外，还负责设计了滨海花园18棵擎天大树的结构连接。阿基米德说："给我一个支点，我将撬动整个地球。"乔舟人说的是：给我地球上的一个支点，我就可以支撑任何结构。结构力学是他立足这个领域的自信。

人生的成功、事业的绚丽，并没有令乔舟人忘记自己的肤色和血脉的温度。

他的目光始终关注着彼岸的祖国，如何在世界的舞台上力挽狂澜，砥砺前行，树立起大国风范。

从繁华的都市穿越无边的大漠，从腹地的河流抵达漫长的海岸线，历史的荧光重新照亮"丝绸之路"，驼铃叮当响，海角声声长，中国"一带一路"发出新的世界大合唱，各国以文化交流和融合作为恰到好处的切入点。乔舟人和众多海外游子一样，深爱并为它祝福着。

曾经，他与丝绸之路有过一段交集，那是在重庆大学毕业实习的西安之旅中，与"丝路花雨"歌舞团偶然相遇，那时年少轻狂，那时许是他与踏上"丝绸之路"宿命般的第一个瑰丽征兆。

此际，隐藏在工程师心中的文化情结和家国旧梦原来一直就没有走远——春水秋月、琴心剑胆、衣上酒痕都是诗。丝路花雨，以书为媒，何不说出一个所在——把自己精彩的故事和案例写成文本为中新文化交流增色添香？

这个想法让乔舟人有了一种历史的使命感和责任感。得益于成熟的管理，他把公司工作调成了"自动飞行"模式，而把主要精力投入到文学创作当中。

娴熟的中英文功底、骨子里中国文化的熏陶，加之多年在领域内的技术专才与经典案例，很快让他找到了别具一格的文创灵感。

时间的意志缓缓上升，沿着丝绸之路的方向，能够让他表达出的，是情怀的律动，是荣耀之光在岁月的枝头璀璨闪烁，感动且又从容……

经过两年的创作，2015年，乔舟人以《野心蓝图》为书名，由新加坡著名学者、《学语致用：李光耀学习华语心得》主编蔡志礼亲自作序，新加坡玲子传媒出版发行。该书成为新加坡第一本自传体工程长篇小说。

他以个人传奇经历为主线，用恣意潇洒的海派文字，述说了一个重庆青年从东渡日本留学到毅然择木而栖，南下南洋上岸立业创业，挑战种种极限的水上丝绸之路的动人故事。先是第三人称的商战，再是"铿锵三人行"，

《野心蓝图》发布会

此后峰回路转，真情再现，当作者以第一人称讲述时，蓦然闪现"那人却在灯火阑珊处"。书文，专业之于创业者，有引领导航之教诲；幽默之于阅读者，像一粒粒开心豆。字里行间，无不流露出作者选择之勇气、创业之艰辛、打拼之智慧。整书谋篇布局巧夺天工，名人传记文学惯有的沉闷乏味扫迹全无。新加坡著名女作家尤今这样评价此书：由群山环绕的重庆向外开拓人生的疆土时，乔舟人在书中体现的大智与大勇、坚持与坚毅，屡屡化惊涛骇浪为万顷碧波，移崇山峻岭为丰饶平原。他的自传体小说，道尽了镶嵌彩虹于天边的心路历程，是一阕波澜迭起的移民之歌。而新加坡作家协会会长林得楠将此书的思想与艺术高度形容为"在支架中构建浪漫，在框架里天马行空"。

一时间，一本本装帧精美的自传体小说《野心蓝图》出现在新加坡各大书店。年底，来自玲子传媒出版社2015年畅销榜的数据显示，《野心蓝图》在出版社最畅销文学类图书中，占到全年榜首。对此，海外最具影响力的华语报纸，新加坡《联合早报》

也做了大篇幅专题报道，社会各界反响良好，曾一时洛阳纸贵。乔舟人被新加坡作家协会授予永久会员，由此也实现了从商业到文化的成功跨界。

同年8月，玲子传媒出版社在北京国际图书博览会上首次展出《野心蓝图》，这是新加坡参展中国首届央视拍卖大会的三部小说之一，这引起了中国媒体与出版界的注意，最具影响力的中国媒体CCTV以"开跑车的新加坡作家"为题，做了精彩访谈，其视频点击量超过了250万人次，堪与《非诚勿扰》等一些当红视频并驾齐驱。

同时，乔舟人本人，还走进了中国留学生张弦博士的视野，张博士将乔舟人和其他49个新加坡人的梦想故事，借以摄影手段结集成册，新加坡总理公署部长陈振声挥笔写下序言。2015年11月中国国家主席习近平访问新加坡，在接见中国留学生时，特别为此点赞。

其间，中新双方在新加坡签署了"中新（重庆）战略性互联互通示范项目"框架协议，正式启动以重庆为运营中心的第三个政府间合作项目。这本以重庆小子在新加坡奋斗历程为主要内容的自传式励志故事，以项目合作为契机，点燃了一个激励人心的文创亮点。

乔舟人与"新丝绸之路"前缘再续，机遇之门再次洞开。

2016年7月，中国纺织出版社将《野心蓝图》一书更名为《重庆小子下南洋》，在大陆各地书店隆重推出，豆瓣读书给出了7.7的高评分。

中国纺织出版社还将此书郑重推荐给了乔舟人的家乡重庆市委宣传部。他们这样写道：

在此背景（中新合作项目）下，中国纺织出版社重点引入该书，并一致认为，作者周通泉先生作为中国人，尤其是重庆人在海外创业的典型代表，将自我奋斗、独立精神、智慧创新等元素融合起来，以文本为媒传递的不仅仅是个人的成功史，更揭示了这个激动人心年代的成功密码，诠释了新时期的创业内涵，最终集中体现和代表了重庆精神，把中国"重庆人"给立了起来。这是我们看中这本书及其背后意义的地方，作为出版人，我们也有责任、有义务分享并传递这份美好。

《重庆晚报》也适时刊登了乔舟人和书的故事。

《野心蓝图》和《重庆小子下南洋》在国内外越来越得到更多读者的青睐，一位中国大学生看完此书后，竟把报考的原专业改为了清华大学结构工程专业。而中国某路桥设计院，则将该书作为学习手册，人手一本。

一位哲人说：认识你自己。乔舟人，以这种特别的方式，不仅认识了自己，更让中新两地的人们领悟到了中国移民在海外不屈不挠的创业精神和文化交流的魅力。他说：我的梦想就是让这本书在两地畅销起来，让有梦想的人，让在异乡打拼的人，让任何能在书里找到共鸣的人，都可以汲取小小的力量和信心，在自己的位置上活出精彩的人生。

这一缕书香，正是他在这条海上丝绸之路中传播的满满的正能量。

舌尖上的狮城

——谈新加坡华文美食平台创办人杨舟

  现在在新加坡，中国新移民想要搜索各类美食情报、餐厅资讯，最简单的方式之一，就是关注"舌尖上的狮城"。作为新加坡最具规模的华文美食平台，"舌尖上的狮城"在微博和微信两大新媒体上已经拥有了近17万粉丝。它的创办者杨舟身为社交媒体大V，在创办"舌尖"的同

杨舟

时也运营着新加坡最专业的留学服务平台——智选择优。作为两大平台的创始人和主要运营者，作为新中两国文化的传递者，杨舟又有着怎样的励志故事呢？

  杨舟，1983年出生于上海，2001年到新加坡求学，最终毕业于澳洲堪培拉大学，定居新加坡已15年。毕业之后的职场生涯，经历了从职场新人，到品牌创始人的嬗变。杨舟创立的Destiny

Group旗下共有4个公司、两个品牌，分别为Destiny Consultant Pte Ltd、Destiny New Media Pte Ltd、Eternity Edu、迪斯特尼（成都）文化传播有限公司这四家公司，以及"舌尖上的狮城"和"智选择优"两大品牌。同时在新加坡，杨舟也积极参与社会公共事务，担任上海复旦校友会海外常任理事、新加坡华源会理事、前新加坡SHRM莎瑞管理学院国际部总监、前新加坡莱佛士音乐学院市场部总监。

从15年前背着背包独自一人来新加坡留学的留学生，如何成长为新移民中的佼佼者，他的故事值得我们品味，也为很多新移民中的年轻人提供借鉴意义。

从学生领袖到职场新鲜人

从小杨舟就喜欢音乐和美术，最初学习的是钢琴和长笛，结果因为生病，不得已放弃了对音乐的学习。"总不能刚开始学音乐就变贝多芬吧。"杨舟经常这样跟朋友调侃自己。从此杨舟对艺术的学习主题就从音乐转向了美术，开始跟随着身为画家的父亲学习绘画。从小有着扎实美术功底的杨舟，在18岁的时候，来到了新加坡，开始了在新加坡的求学之旅，那个时候他在新加坡修读的也是和绘画相关的室内设计专业。在求学期间，杨舟就经常负责组织留学生活动，帮助来新加坡的留学生解决学习或者生活上的问题。

杨舟毕业后第一份工作就被派到中国福州做某家跨国酒店的项目经理，初入职场的毛头小伙儿一下就要负责几百万新币的项目，带领30多人的团队工作，手下管理的每一位工作人员都比他的年龄大。从那时起，为了不显得太年轻、稚嫩，杨舟留起了显示稳重的胡子。之后，杨舟又进入到一家拥有150年历史的美国设计公司，他是这家公司在新加坡分公司历史上第一位中国设计师。凭借流利的中英双语能力和专业的设计素养，杨舟被公司老板委以重任。那几年在设计公司的工作相当辛苦，一直要在高压力、高强度下工作，一周总共睡不到十几个小时，几乎全部时间都投入到工作中。从基础设计到项目沟通到翻译出彩，杨舟一个人几乎负责了所有衔接配合其他部门的工作。虽然很累，但也恰恰是这段经历，历练了他，让他在非常短的时间内，彻底地完成了从一个学生到专业人士的嬗变。杨舟经常提及，"那段时间我始终和公司老板在一起，学习他如何建立公司、融合团队，怎么进行商务沟通，商务礼仪礼节、为人处世的方法都是从他身上学来的。那段经历也为我以后自己开公司奠定了基础"。

打造全面植根于新加坡本地的留学服务平台——"智选择优"

机缘巧合，杨舟进入了留学行业。早年，新加坡的私立教育市场相对不透明和鱼龙混杂。在杨舟做留学的初期，也曾经历过诸多困难，同行的恶意竞争、各种流言蜚语，甚至是诽谤流传一时。但是，杨舟抱着以学生为本的态度和精神，毅然决然地坚持了下来。时间证明了一切，今天他的留学事业已成为新加坡数一数二的领头羊。

杨舟曾经先后担任过多家学校的国际市场部总监，开拓中国留学生赴新留学渠道，提供专业的留学服务信息。杨舟喜欢社交，在各种场合认识了许多留学生。同时作为新浪微博等社交媒体上的大V，杨舟经常为留学生答疑解惑与提供各种帮助。渐渐地，服务的学生越多，身边接触到的各种华人留学生越多，杨舟意识到，仅仅局限于一家或几家学校的市场是远远不够的。在新加坡，需要一个更大、更全面的留学平台为中国留学生提供更好、更全面的留学服务，在这样的契机与动力下，杨舟在进入留学行业5年后，正式创立了"智选择优"留学服务平台。

"智选择优"的意涵是"智选专业，择优学院"。因为很多中国留学生通过中国的中介办理来新加坡留学，可能会出现信息不对称的情况，心理期望过高，而现实略骨感。来了新加坡才发现，所选择的学校和专业并不适合自己。在这样的背景下，智选择优植根于新加坡本地，对不同学校、不同项目的了解都是最及时、最清晰的，愿意为中国留学生提供最准确的资讯，以协助留学生做出恰当的适合自己的选择。

另外，"智选择优"更关注留学生"留学后"的相关问题，比如：来新加坡住哪？会不会遭遇二房东？在新加坡如果生病了，要如何看医生？要如何报销？这些与留学生生活密切相关的话题。所以，在2016年，智选择优提出了"教、医、食、住、保、乐、善、创"这八大板块，密切关注留学生在新加坡生活的方方面面。

因为杨舟也曾经是一名留学生，也曾经遇到过房租被骗的事情，"我在留学的时候曾经被骗过房租，当时有100多个学生被骗了30多万新币，最后钱也没有找回来，这件事对我们影响很大。到现在也经常出现留学生因为不熟悉新加坡的法律政策，被不良商人欺骗的情况。正因为我经历过这些困境，所以心里会有一种帮助这些留学生的责任感，这也是我创立'智选择优'留学平台的初衷"。

从学生到设计师，再从设计师到创立留学服务平台，杨舟清楚地知道自己跨越了多少艰难险阻，就是凭着对留学生所面临困难的感同身受和一腔热血的责任感，杨舟坚持走了下来。

在开办智选择优留学平台的过程中，杨舟的设计师思维始终贯穿其中，"设计师有自己的设计的理念，所做的工作是对应业主需求的，这就要求我们充分地了解业主的喜好、习性和特点。中国的留学中介在学生离境的时候服务就结束了，而我们的服务正是从落地之后开始，我们从学生的角度出发，帮助学生了解新加坡的政策，为学生提供衣食住行各种信息。比如我们有专门的新生礼包，里面包括电话卡、电影卡、智选择优特制的地铁卡、餐厅代金券等等。智选择优为3~35岁的学生提供了完整的系列服务，包括教育的规划、学校的选择、签证的办理、购置租住房产、高端医疗体检等等"。

创立新加坡最火华文美食平台"舌尖上的狮城"

有人会比较好奇，"做留学"的杨舟，怎么做起了美食。其实创办"舌尖上的狮城"初衷还是缘于学生的需求。在和大量新加坡留学生接触之后，杨舟发现"吃"是留学生每天都要遇到的问题，创办"舌尖上的狮城"最开始也是为了帮助学生解决"吃些什么"的问题。

"人不能每天吃一样的东西。很多新加坡的新移民，包括工作人士、留学生、新移民在内的这一群体，他们可能并不了解新加坡有什么东西好吃，某家餐馆人均消费是多少、进去之后点什么菜。遇到这种问题的时候，他们都会通过微博@我们"舌尖上的狮城"来询问，渐渐地我们从解答这些问题到主动向大家推荐新加坡的美食，取得了广大粉丝的认可。"

2011年，"舌尖上的狮城"品牌正式成立，主要以发布新加坡美食和新加坡生活信息为主。成立至今，其社交媒体（微博、微信）总粉丝数量超过17万，成为新加坡华文美食第一平台。四年时间，"舌尖"微信平台上发布了500多

杨舟与"舌尖上的狮城"

美食帖，推荐了1200多个新加坡的餐厅。为了帮助粉丝更便捷地搜索到各种美食相关资讯，"舌尖上的狮城"网站主站即将正式推出。从去年开始，"舌尖上的狮城"的轻奢电商通路也在逐步发展，2016年，舌尖上的狮城创立了自己的电商平台www.biteofsg.com，推出多种新商品面对市场。从自媒体走向新媒体，再从新媒体走向电子商务，杨舟迈出的每一步都是在响应市场的需求，跟随市场做出调整和改变。

为了让在新加坡的华人一解乡愁，同时也将新加坡美食传播到中国，例如鲍鱼、榴莲等销往中国，同时也将中国的阳澄湖大闸蟹等销往新加坡，得到了很多人的大力支持。贴心及完善的服务，受到国内外吃货们的一致好评。

"舌尖上的狮城"是在2011年推出的轻"米其林"品鉴美食平台，通过对餐厅的筛选、推荐及呈现，舌尖上的狮城想要满足

目标用户群体对于"独特体验"和"新鲜感"的需求，打造高品质的生活方式，"今天的'舌尖上的狮城'不光是美食平台，更是一种生活方式，开发电商通路的目标不是要看营业额能够达到多少，赚多少钱不是很主要的东西，重要的是让大家认可'舌尖'这个代表着高品质生活的品牌。现在'舌尖'品牌效应、粉丝量进一步扩大，将产品理念带出去，销往中国、东南亚等其他市场。"

尾声

尽管短暂的采访只能稍稍探得杨舟精彩人生中的一小部分，我们却能从杨舟的讲述中清楚明白地了解到他取得成功的两个关键因素。

一方面，杨舟敏锐的设计师思维准确地把握了用户需求，随市场而动，随时调整经营方向；另一方面，勤奋、努力的工作态度又完美地配合着杨舟的经营智慧。杨舟越走越宽的经营道路提醒着我们，真正的成功不需要借助旁门左道，最重要的是能清楚地把握自己前进的方向，实现自己的梦想——这才是最值得我们学习的意义。

架构交流平台　普惠新中发展

——访服务于人力资源的钟少平博士

　　转眼之间，钟博士由中国大陆来到新加坡，已经有14个年头。

钟少平博士（右二）积极参与社会公益活动

　　14年来，他由一个有志求学的学子，成长为服务于新中人力资源交流的成功人士。他凭自己的学识、热情，吸引来自中国的优秀人才，参与到新加坡的发展与繁荣，让他自豪的，不仅是自己的劳务中介事业越做越大，而且通过这样一个渠道和平台，参与到中国的"一带一路"建设中。

选定充满挑战的创业目标

钟少平博士能来到新加坡求学，获得新加坡国立大学攻读博士学位的机会，也算是机缘巧合。那是2002年，他从中国科学院硕士毕业后，当年拿到了美国名校的全额奖学金，但是因为2001年"9·11"恐怖袭击后，美国政府收紧签证政策，他期待中的美国求学之旅没有成行，却获得了新加坡政府的奖学金，辗转来到了新加坡。这一转折改变了钟博士的命运走向。

钟博士来到新加坡后不久，就深深喜欢上这个美丽的地方。这里有优越优美的环境，简单和谐的社会氛围，当然还有新加坡国立大学良好的学习和科研条件。

钟博士最初来到新加坡，是为了完成对学业的追求。国大博士毕业后，他留校任教，做研究工作，这让他对教育行业产生了浓厚的兴趣。后来他开始自己创业，初期的定位仍然是从事与教育相关的行业，曾想把国内历史悠久的传统国学做成独立课件在幼儿园推广合作。

不经意间，他的努力方向发生了变化。那是在他接触第一个客户时，对方和他聊起幼师空缺的迷惘，希望他能给予帮助。热心的钟博士开始尝试通过自己的人脉和资源，解决对方的问题，这个过程中，他看到经过自己介绍、引进的来自中国的老师们，一个一个寻找到合适的工作岗位，有了稳定收入和良好的工作，并向他表达了由衷的谢意，他非常有成就感，慢慢地喜欢上了这样一个新的行业：人力资源，也就是大众口中的劳务中介。一个看似偶然的转身，让他开始了完全不一样的事业规划。

众所周知，新加坡是个天然资源匮乏的岛国，人力资源便成为唯一可以依赖和开发的资源。钟博士一直觉得，只要充分利用新加坡特殊的地理位置、经济特征和国家整体需求，人力资源是可以长久发展和挖掘的一个行业，是能够做大、有广阔空间的一项事业。

也许是一直以来就爱钻研的执着，钟博士对人力资源产生了浓厚的兴趣，开始思考这个行业的特点。他发现，这是一个完全不同于以往严谨且相对封闭的科研环境的领域，这一行没有一个固定的公式，可以让你一成不变地应对所有人；在这里，"人"是变数最大的因素，选择做"人"的生意，就必须时刻准备好应对无法预测的各类突发状况。很多年一直和理科打交道，可以在原理、公式和逻辑的世界里应对自如的他，如今脱离了这些科学参数的限制，既觉得不安，但更多的是面对挑战的兴奋。他相信，只有不断地突破自己，才可以给自己更多的可能性。

他义无反顾地投入到人力资源管理这个行业。

以满足客户需要为追求

钟博士有着善良的性格，博大的爱心，这驱使他自从事人力资源这个行业以来，就一直坚持"以人为本、客户至上"的核心理念。他尊重每个客户的价值，以充分发挥每个人的优势为出发点和目标。

新加坡劳务中介公司数不胜数，如何在同业竞争中站稳脚跟，创立自己的特色、个性，获得比别人更多的机会？钟博士寻找到的答案就是"服务"。他一直告诫自己："大千世界我们都是服务员，而我们的服务能力决定了我们能得到客户多大的信任，我们的服务能力更决定了我们能走多远！"

他们以真诚的态度面对每一位客户，不管是大宗业务，还是细碎的事务，他们都付出同样的认真。这种态度收获的是客户不忘初心的感恩，而正是因为客户给予的信任和机会，他们才可以走得更远。

所以，钟博士从一开始就非常注重提高团队自身的素质和专业的服务能力。他相信"人无我有，人有我优"才是与客户建立信任的核心。客户的需求一直是他们追求的目标，想客户之所想，急客户所需，是他们公司的宗旨。面对各种各样的客人，钟博士团队会根据客户的实际情况，来订制适合他们的人力优化方案。同时，他们会根据政府的政策调控，即时做出该有的应对与调整。这是他们一直保持活力、创新和发展能力的关键。

传统的劳务行业，大家更多的都是在引荐外国工人给雇主，但是日趋高涨的人头税和日益紧张的配额，让很多中小企业举步维艰。因此，钟博士及团队开始调整工作重心，积极为雇主提供本地人，结合本地员工的需求，解决雇主请人难、求职找工难的难题。除了专注公司的人力资源招聘和优化咨询，钟博士团队也切身为客户承担更多的角色，比如曾多次为餐饮业的客户设计宣传海报，为客户的市场开发提出自己的见解和可行方案。这些看似与他们专业没关联的事情，他们仍旧乐此不疲。客户的需要就是他们的责任，所以，他们的服务范围一直在扩大之中，一切都只为给雇主最好的用户体验。

细微之处见真情。他们

钟博士（右一）到工地看望工友

时刻将心比心，从客户的角度出发，完善每一个细节。人和人之间最美好的情感就是信任，钟博士始终秉持着对客户的责任感和使命感，不辜负客户的信任。

新加坡政府一直很重视也很鼓励中小企业的发展，政府各部门的管理条例详细具体，且又灵活多变，一个企业难免要跟人力部、公积金CPF、税务局甚至移民厅各部门打交道，而许多中小企业的老板往往因为时间、精力和成本的问题，疲于应付各个政府过于细化及严厉的条规要求，对很多新型的电子网络递交手续很是发怵。比如现在人力部的很多条规都是3-6个月就有一个调整，很多条规尽管人力部会及时提前通报，但是很多企业老板可能接受的信息会有滞后，且主动配合度也较低。而传统的人力中介公司只负责招聘和申请这些环节，除了这些基本的人力中介程序，企业老板其实还需要更多的专业配套服务。对此，钟博士因势利导，顺应客户要求，不断延伸人力资源服务涵盖的范围，也开始提供一些权限范围内的咨询服务，一切以切实帮助中小企业老板解决自身人力和管理问题为目标。钟博士相信"施比受快乐"，他一直认为，如果有能力帮助身边有需要的人，做一些力所能及的善举，也是实现自我价值的方式。

待客户如亲人

钟博士从事的是人力资源中介服务，这当然是做生意，求盈利，但是钟博士不是"纯粹"的生意人，他视客户为亲人，尤其是对于来自故乡的中国大陆同胞，在服务过程中向客户倾注了满腔的热忱。

来新加坡做劳务的中国客户，许多人的家境并不优越，远涉重洋来到陌生的国度，缺少的是亲情，生活方面的不适和困难可想而知。钟博士教导自己的团队，要以亲人般的情怀关心客户，在服务客户的过程中，给予他们亲人般的温暖、家庭式的温馨。钟博士不仅为他们寻求一份合适的职业，为他们争取合理的报酬，还额外地关心他们的衣食住行、家长里短。有的客户一时工作没有着落，钟博士会自己出资，为他们安排住处，提供膳食。有时，客户遇到经济困难，钟博士不假思索，解囊相助，给他们"雪中送炭"。有的客户家庭出现变故，或是感情遇到挫折，钟博士也会像家人一样，对他们进行开解、安慰。久而久之，普通意义上的公司与客户之间的关系，也变得如同家庭成员一样，很多客户把这里当作家，当作异国他乡一个可以停靠的港湾，把钟博士他们当作自己的亲人，每次回国归来，会带回家乡的特产、食品送给钟博士他们。

　　钟博士也积极参与社会公益事业，比如加入社区居民委员会和一些公益慈善机构比如狮子会等，关注社会弱势群体。每一次帮助别人都能获得不同于工作上的满足感。钟博士觉得，一个人无法改变人生的长度，却可以改变它的密度。他相信善意的传递，会是最快乐的分享；日行一善，即使是微不足道的小事，都不要忽略；这个世界往往因为小小的善意而变得美好。钟博士会发动身边的人，一起投身慈善。

　　来新加坡的这些年来，钟博士一直希望可以更好地融入本地社会和文化。当年移民漂洋过来新加坡的游子，促使各类宗乡会馆应运而生，身在异国他乡的凝聚力，让更多海外的游子可以体会到家的温暖和归属感。他参加了钟氏会馆，经常与前辈相处交流，对本地的宗乡文化有了更多的了解，对新加坡国情民俗有了更深刻的认识。他觉得，彼此对祖国的情怀也许是午夜梦回的一缕乡愁，淡淡地萦绕……温暖的牵挂，让距离不再遥远。

不仅在宗乡会馆，钟博士还有意识地参与不同的社团，结识了越来越多的好友，不分地域、国籍，他相信友情是可以跨越文化和种族而延续的，他一直希望让更多人了解和认识新移民，在未来可以更好的参与到这些有意义的社团里。

"一带一路"给予他更广阔的视野

钟博士在新加坡扎下根来，成功地开创了自己的事业，这份成功也让他有了回报家乡的能力。提起生养他的故土，钟博士饱含感情，他渴望中国大陆早些发达，也愿意为中国的建设尽一份力量。

现在，钟博士的这份情怀在"一带一路"的大环境和背景下，得到实现和实施的时机。快速发展的中国大踏步地走向世界，而亚洲周边国家的发展，也与中国的日益壮大结合在一起，分享中国发展的成果，从中国的发展中受益。由于地缘优势，中国与东南亚从来便是友好邻邦，经济贸易方面的合作与日俱增，新加坡与中国的经济交往更是一个榜样和表率。中国领导人非常重视与东南亚特别是新加坡的经济合作，也将新加坡和东南亚视作"一带一路"中的重要环节。这个时代格局，对于已经搭建起两地人力交流平台的钟博士来说，自然不能置身事外，相反，钟博士看到了其中可以大有作为的空间和可能，他要抓住时机，为促进"一带一路"建设做出自己的贡献。

新加坡作为"一带一路"活跃且较发达的经济体，有着自己特有的优势，相信新加坡能在"一带一路"中发挥重要的作用。钟博士因势利导，提出了区域人才整合的策略，以加强"一路一带"的区域服务意识。他已经着眼策划新的发展思路，扩大公司的服务领域，调整奋斗目标，让已有的事业迈入新的发展阶段。

　　"四十而不惑"。钟博士已经懂得用宽容的心境接纳世间万物，用开放的心态迎接挑战和机遇。多年在新加坡生活，他已经慢慢接受新加坡这个小红点，并努力在新加坡立足和融入。"不忘初心，方得始终"。未来的路还需要不断学习和自省。钟博士比以往任何时候都有信心，凭借自己搭建的平台，必定会为新加坡和中国的发展，为社会做出更有意义和价值的贡献。

笔端砚田写使命

——记书法家马双禄

汉代扬雄说过："书，心画也。"书法的美既属于视觉，也属于心灵，一点一画传达的是书者的性情，流露的是书者的心境。眼神清透柔和，带着几分坚定和自信，这就是马双禄留给记者的第一印象。言谈之中，处处显露出他博闻强识、才思敏捷、洒脱飘逸的个性。

今年50岁的马双禄

2012年9月22日，在新加坡碧山宏茂桥公园中秋庆祝活动现场，马双禄先生受邀书写"海到无边天作岸，山登绝顶我为峰"行书对联赠与总理李显龙。照片中左三为李显龙总理，左四为马双禄先生，左二为宏茂桥集选区国会议员殷吉星先生

出生于陕西凤翔县。凤翔古称雍州，曾是"成周兴王之地，嬴秦创霸之区"。悠久丰赡的文化传承，发轫孕育了雍州"八大文化"，使凤翔成为民间文化荟萃地。马双禄从小在这片土地上长大，厚重的文化积淀无时无刻不在滋

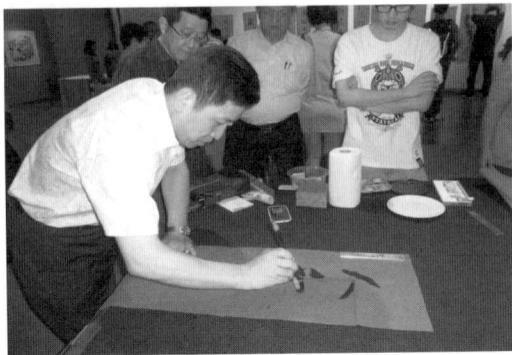

每年春节，新加坡南洋艺术学院都会邀请全国书法名家举办挥春活动，这是马双禄先生正在现场书写春联作品。左二为南洋艺术学院院长朱添寿

养和熏陶着他，使他从小就对中华传统文化产生了浓厚的兴趣。

军营20余载倥偬岁月的历练，使马双禄的人生丰厚而精彩。与此相随的，是延续30多年坚持不辍的翰墨追求，被艺术装点的人生愈加丰富多彩。如今，马双禄已是东南亚华人圈著名的书法家，担任世界艺术家协会副主席。

锤炼书艺，打铁先得自身硬

对于书法，马双禄有自己的认识："书法是一门艺术，它融入了东西方文化的精髓。其中有哲学的抽象概括、道学的微言奥义、佛学的洗心入静、史学的严密深邃，还有诗歌的激情洋溢、散文的从容秀雅、武术的刚柔相济、中医的阴阳调和。它能给观赏者以哲学上的启迪、精神上的振奋、思想上的冲击、艺术上的享受。"

马双禄十分重视传统功力的锤炼。他研习书法初从唐楷入手，始终秉承魏晋遗风，碑帖兼学，以帖为主，篆、隶、楷、行、草兼修。他认为，书家只有以古为师，站在历史文化的制高点上去探求书法之堂奥，才

马双禄书法作品

能觅得真经，练就真功。基于此，他长年揣摩王羲之、王献之、欧阳询、褚遂良、苏轼、黄庭坚、米芾、赵孟頫、文征明、董其昌、王铎等大师的作品。他的行草作品，其笔法和结字处处可见其对二王书法艺术的不懈追求，雄浑而不显张狂，流畅而不失法度，轻盈而不飘逸，妍美而不甜俗，蕴含着一股沉厚的文化韵味、一股大气自然的感人力量。

当记者看到马双禄的作品时，不由得想起王维"春来遍是桃花水，不辨仙源何处寻"的诗句。清清的溪水在山间流淌，落英缤纷，仿佛忘却了尘世喧嚣，置身幽美的大自然之中。

一分耕耘一分收获，30多年的文房探索，终于见到了天边的彩虹。他的书法作品在中国书协等单位组织举办的全国性赛事中40多次获大奖，并被世界艺术家协会等单位授予"世界金奖艺术家""突出贡献艺术家""中国实力派书法家""当代中华文人书画艺术家"等荣誉称号。

主动融入，实现心灵与情感上的共鸣

2006年，正值不惑之年的马双禄选择离开故乡，去新加坡探索更深远的艺术道路。

初来乍到，他对新加坡艺术界是陌生的。然而机会总是眷顾有准备的人。一次偶然的机会，他看见大街上新加坡书法团体正在举办全国性现场书法比赛。出于好奇，就抱着试试看的态度参赛，没想到居然获得了全场第一名的好成绩。从那以后，他就不断地参加书法比赛，一年里参加了五次，竟然三次拿了第一、两次拿了第二，这让他一下子声名鹊起，也为他进入新加坡艺术圈打开了一扇窗户。

2007年，在南洋艺术学院挥春雅集的现场，曾为新加坡国立大学教授的谢先生，在马双禄书写春联时，一直注视着他，后来又全神贯注地观赏他创作书法中堂作品。他被马双禄广博的学识和儒雅的气度折服，诚恳地邀请马双禄担任他和他的几位朋友的书法老师。

潮州八邑会馆是新加坡最有影响力的会馆之一，十分重视中华传统文化的宣传和推广，每月都会组织书法雅集，每次都会邀请资深和有成就的书画家做讲座。在新加坡两年后，马双禄就凭借着自己的艺术成就，被会馆聘为特约书法家，并经常受邀做书法讲座。

新加坡义安公司成立百年来，一直不遗余力地支持当地的文化教育事业，每年赞助教育的费用达亿元人民币。义安公司文教委员会主任洪云生，曾认真地观赏过马双禄的书法作品，多次与他交流个人对书法的见解，十分赏识他的年轻有为，主动推荐他为义安公司书画艺术顾问。

经过几年的不懈努力，马双禄积极主动适应新环境，根据当地社会的需要，把自己的特长和社会需求紧密结合起来，凭借其过硬的书艺素质、谦恭的个人修为、勤恳的工作态度，很快融入了当地社会，与新加坡朋友在心灵和情感上达到了真正的契合。

立足于新加坡这个中西方文化交汇的枢纽，马双禄对中国历史文化有了新的认识，对事物有了全新的审视，也让他对书法艺术有了更深的理解。

用好中国表达，传播中华文化

马双禄感到，中国在世界上的崛起，应该是全方位的，其中文化的崛起是其重要的内容。如何提升中国的软实力，让世界各国人民了解中华文化、学习中华艺术、接受中华文明，是每一位炎黄子孙义不容辞的责任和义务。基于这一认识，马双禄始终把推广和传承中华文化作为自己的重要使命。

中国文化和西方文化有太多的不同，如何让中华传统文化在异国他乡绽放光彩，是马双禄一直研究思考的问题。他告诉记者，任何文化在传播过程中，都有一个本土化的问题，中华传统文化的跨地域传播，只有在当地文化体系中找到自己的表现形式，在推广传播时理解接受者的文化背景，尊重他们的文化和思维习惯，这种传播才能在他们的内心产生共鸣，被其理解和接受。在这一点上，他感受很深。他说："中国书坛现在盛行展览体、流行书风，但东南亚华人圈，由于文化背景的不同，大家大多只接受较传统的东西，所以我在研习、教学和讲座中，十分重视古典名碑名帖，重视书法基本功的锤炼与传导。"

这些年，他尽心尽力推广传播中华传统艺术，足迹遍布新加坡30多所学校，20多家书画团体、会馆、联络所和艺术馆，受众2000多人。目前常年接受马双禄先生指导教授的书法班32个，学生200多人。其中既有八九十岁的老人，也有七八岁的小孩；既有华人华侨，也有英美、日本、韩国、马来西亚、印度等国文化背景的专业人士。他还多次应邀在马来西亚、韩国、印尼等国的多个书画团体和书画组织举办书法讲座，多次参加在新加坡、韩国、日本、澳大利亚、美国、法国等地举办的世界书画艺术精品展。"很多外国人了解和喜欢我的书法作品，我当然高兴。通过我的作品，让更多外国人了解中华传统文化，了解中华五千多年的悠久历史，我更为欣慰。"马双禄感慨地说。

马双禄认为，要使中华文化在新加坡得到最好的推广传播，使其根深叶茂、繁荣壮大，让艺术走进社会、走进基层、走进民众是其基本的途径。他一方面利用各个机构邀请讲座和挥毫的机会，诸如"百盛"艺术节、春节游园会、中秋赏月会、种族和谐日等时机，宣传中华传统文化对于建设优雅社会、愉悦民众身心的重要性，另一方面与会馆、书画团体、联络所等专业社团积极组织全国性书法比赛，各类不同类型的展览、讲座和挥毫活动，这些活动取得了良好的效果，得到了新加坡艺术界同仁和社会的认可。多家权威机构和艺术团体聘请马双禄为全国书法大赛和展览的评委。李显龙总理先后六次亲切接见他，充分肯定了其在推广传播中华传统文化方面做出的贡献。内阁资政李光耀、国务资政吴作栋、总统陈庆炎、副总理张志贤等10多位国家领导人和政府部长，新加坡美术馆、新加坡美术总会、亚洲文明博物馆、孙中山南洋纪念馆、黑土地美术馆等艺术团体，东南亚许多收藏家和社会贤达，先后都收藏有马双禄的书法作品。

推广传播中华文化，一个人的力量毕竟是单薄的。马双禄充分利用自己在中国和新加坡艺术界广泛的人脉资源，通过建立协作关系、联合办展、网络交流、请名家来新讲学等形式，积极为中新文化艺术交流铺路搭桥。仅参与策划组织中国书画家来新加坡办展，就有上百人次。

王运开先生曾拜马双禄学习书法多年，是马先生的得意弟子，对推广传播中华书法艺术很有兴趣。马双禄积极支持他创办南洋书法中心和书法网，出版新加坡首份书法杂志《南洋书法》，主动联系他的另外两个企业家学生，从经费赞助、帮助印刷方面予以支持。创刊伊始，他以杂志顾问身份，从办刊宗旨、栏目设置、稿件征集等多方面，具体协助策划。并亲自撰写发刊词，每期撰写专栏文章。目前，南洋书法网和《南洋书法》杂志已经成为新加坡书法界学习研究书法、了解书法动态的重要阵地。

新加坡延庆寺董事会主席陈庆力跟随马双禄学习书法已有6年多时间。他的家族是新加坡华商翘楚之一，向来乐善好施。近几年，在马双禄先生的帮助和策划下，延庆寺编辑出版了《延庆文坛》杂志，用于佛教文化、中华书画、华族音乐、国学经典的传播推广，并开办了书法班、国学班、音乐班等。陈主席的先辈重视文化传承，早年与徐悲鸿、张大千、吴昌硕等艺术大师有着很好的交往。徐悲鸿曾专程为他的爷爷画像。在马双禄先生的建议下，陈庆力主席把家里这批珍贵的书画收藏捐献出来，在新加坡拉萨尔艺术学院设立了一个基金，专门资助选读华族音乐的贫困学生。

马双禄的学生林关浩先生是亚洲象棋联合会秘书长，也是新加坡象棋总会的会长。马双禄先生帮助他把中国象棋和书画艺术一同进行推广。去年在新加坡举办的亚洲象棋锦标赛和嘉年华会文化氛围浓厚，受到了各国代表团的高度赞扬。去年12月，马双禄先生也曾作为新加坡文化使者，受邀赴广东海陵岛参加国际围棋艺术节，进行文化艺术交流和书画研讨。

"鼓励、支持、帮助和协助有关组织和同好，借力使力推广传播中华传统文化，能够起到事半功倍的成效。"马双禄说。正是基于这样的认识，他在工作实践中，已经逐渐形成一个有效的合作团队。谈到未来的发展，马双禄强调，传承推广中华传统文化，我们使命在身，不容懈怠，定当更加努力，才能无愧于良知，无愧于时代。

初稿作者　于　虹

我的故事我的路

——记追求东方美的绘画艺术实践者张春雷

转眼已在新加坡生活了20多年，已经习惯了这里的一切，日复一日、年复一年地从事着绘画工作。虽然得过两个奖，参加过几次国际展，但我十分清醒地认识到自己的"位置"在哪里。每当朋友给我掌声的时候，我总是提醒自己不要"飘飘然"。许多远居海外的华人艺术工作者，常会以传播中华文化为己任。我觉得传播好中华文化首先要做好自己。因为在这个星球上，不管我走到哪里，代表的都是东方——华人，做的每一件事所表现的行为本身就是华人文化的传

张春雷

189

播。因此，每个在海外的华人只要做好自己，中华文化自然传播四方得到尊重。多年来，我一直在绘画的艺术实践中思考着："如何在作品中书写东方美，在传承中华传统文化中寻找自己的艺术发展与突破。"小时候蛮喜欢听有经历的长者讲故事，很羡慕他们的经历！许多年过去后才发现经历总伴随着甜酸苦辣、五味杂陈的触动，伴随着我们成长！我的故事离不开中国和新加坡。美好的回忆在这里，痛苦的经历在这里。我把它记录在了作品中：在戏剧的舞台上、在老屋的大门口、在园林的假山边、在地铁的站台口、在河畔的大厦边、在夜色的酒吧中、在小岛的码头旁、在海边的渔村里……现在我也变成有故事讲的人了。

　　1996年10月的一天，我告别了在上海的父母来到新加坡。拉着到今天还保留着的行李箱匆匆登机，经过5个小时的飞行抵达新加坡，向接机的同事借了两百块钱，开始了在南洋的生活。此次南下，我本意是换个环境、换个思维让自己成长，过两年就回国。没想到，一晃20多年时光飞逝。刚来的那几年，生活总处于一种不稳定、不如意的窘境中——每天忙着工作，失业了再找工作，经受了许多磨炼。其实，没来多久就想家了，可是又觉得没脸回去——都知道我出国，这么短时间就回去，大家会以为我混不下去才回去的。在没有退路的情况下，只有咬牙坚持才是当时最有未来的选择。来狮城前我老以为："这个国家有百分之七十的人口是华人，对中华文化应该有一个全民的基本认知吧！可是现实和想象总是矛盾的，这里的环境是许多华人都看不懂中文，何谈中华文化？艺术环境也和我的认知相距甚远，很难让人认同我的作品。何况从现在的角度来看，那时我的许多作品确实还不够成熟。一方水土养一方人，作品的文化"土壤"不在这里，作品很难感染这片土地上的人们，我慢慢开始认识到自己作品的局限性，以及初来时对南洋社会认识的肤浅。

经过多年的接触了解，我开始渐渐地融入了这个社会。在这里恋爱、结婚、生子，生活趋于稳定。2007年的一天，从朋友口中得知，我在中国的国画老师过世了，心里一阵难过。我是他最小的入室弟子，十五岁始跟随先生学习传统中国画，曾经的学习历历在目、记忆犹新，当时他已年过七十。每次

张春雷作品《戏曲人物》

张春雷作品《滨海花园》

我去他画室，先生总是认真查看我每一张带去的作品，不时地指出问题，使我受益良多。经过多年努力，我也已小有成就，作品也多次参展和获奖。然而随着年龄的增长，大家对我作品的要求也在提高，我开始意识到作品中的不足，可是不管如何出笔，老是在先生的风格中"转"，如同孙悟空的头上的"金箍"，始终

不能摆脱如来佛的掌控。这时我感到困惑不安，不知道该怎么办。如何在传承中寻找自己的艺术出路呢？在犹疑中我不自觉地疏远了先生：一方面觉得自己受他影响太大，在创作中日渐失去了自我；另一方面感觉自己在艺术上原地踏步，辜负了先生的器重。当年，也

张春雷作品《家》

正是因为这样的疑惑和迷茫，离开了中国。由于内心的纠结和不安，临行前，我竟然没有和先生道别……在之后的很长一段时间里，我也没有联络先生，只想着等自己取得了成绩时，再给他一个惊喜。先生的过世使我开始反省，我还在画吗？尽管先生曾经无数次嘱咐我艺术需要坚持，尽管我每天都在做着和绘画相关的工作。但许多作品已并非自己意愿中所想表达的艺术了。考虑再三，在太太的支持下，这一年10月，我辞去了在新加坡较为稳定的工作，开始成为一个自由绘画工作者。

无疑，艺术创作是一条艰辛之旅。为了维持基本的生计，我在创作的同时，开始了中国画、油画及书法的教育教学工作，希望在艺术上做一点普及工作，同时合理平衡，给自己留出固定的创作时间，在不断实践探索中，开始了自己新的艺术之旅。经过一段时间的努力，2009年，迎来了我在新加坡的首次个展，由于在构思上具有一定的前瞻性和鲜明的艺术特色，展览得到了

新加坡新闻艺术部下辖新加坡艺术理事会的资助。这一时期，我逐渐理清思路，第一次在自己的绘画理论上留下了笔墨。记得我在展览的前言中这样写道："每一回艺术创作都像是一次考试、一次总结，更像是登山者攀登高峰。"登山是一个克服艰辛、挑战极限的过程。在前进途中，不断碰到新问题、新挫折，而这一切困难都需要智慧和勇气来克服。成功之后，人们往往会在各类宣传中看到，某某人征服了某个高峰……然而在我看来，我们从未征服过大自然，人类只是大自然环境中的一个组成部分，东方人喜欢和谐。所以，

张春雷作品《油轮》

张春雷作品《园林》

张春雷作品《牛车水》

我更喜欢把这看作是适应和理解了周围的环境。古代圣贤曾说过：在人与自然的关系上，是天人合一的，肯定人与自然界的统一，强调人类应当认识自然，尊重自然，保护自然，而不是破坏自然，反对一味地向自然界索取，反对片面地利用自然与征服自然。道家创始人老子提出："人法地，地法天，天法道，道法自然。"强调人要以尊重自然规律为最高准则，以崇尚自然、效法天地

张春雷作品《渔村》

张春雷作品《湖畔》

作为人生行为的基本依归。道家的另一代表人物庄子也强调人必须遵循自然规律，顺应自然，与自然和谐，达到"天地与我并生，而万物与我为一"的境界。这些成了我绘画创作中的思想追求。今天的科技发展飞速，可是我们对所处的这个星球环境还不甚了解。有时我们会盲目固执地做一些蠢事，于是灾难接踵而来：水源污染、气候变暖、海平面上升、草原沙漠化、雾霾天空等等，这样的例子举不胜举。这都说明了我们对大自然还不够了解，还处在一个朦胧的探索阶段。今天的社会，信息资讯量大，生活中要记的东西太多，常常会顾此失彼。好想努力跟上新节

奏，但又屡屡脱节，新的矛盾也接踵而来，归根结底是不了解、不理解和没看清周遭的变化。人们似乎在追赶着什么，但又不确定。人们争先恐后，害怕被淘汰……对于曾经的事、曾经的景、曾经的人，记忆逐渐模糊。因此，我很想在这方面做点工作。

作为一个绘画工作者，需要有点想法，而这些想法是来自内心的积累和经历。记得有位同道长者对我这么说："绘画工作者应该要学会用两条腿走路，一是指专业技法的独特性，二是理论思维的前瞻性。这样就能保持在艺术道路上的平衡感，才能在这条道路上走得更远！"这后来成为我进行艺术创作遵循的准则。

我的许多创作是从印象中挖掘的，记忆中的某些"精彩感动"总是那么深刻，而又随着时间而变得模糊了！朦胧是一种美，东方人喜欢朦胧。记得白居易《琵琶行》中有这么一句："千呼万唤始出来，犹抱琵琶半遮面"。我想这就是传统文化中塑造的东方美吧！方圆之间、中庸之道影响着我们的思维方式，这种感觉贯穿了我们的文化哲学和艺术审美。我想：在这我找到了切入点，可以把它反映在作品中。我也努力地寻找着适合自己的绘画技法，在经过许多年的失败而再失败后，终于慢慢形成了自己的风格。我的表现手法是原创的，采用独特的点线面结合和多变的色调，融合具象与抽象风格，并将两者较完美地灌输于作品中。从而引领观者深入不同主题情境。通过作品，我想表达一种观念：对自然、对环境、对人、对事的认识，我们总是在一种不断地认识再认识的过程中，不断地重复着从模糊走向清晰、从清晰走向另一个新的模糊。许多矛盾的起因都是因为缺乏了解，国与国、族与族、人与人需要了解，世界才能和谐，这恰好匹配了我的绘画技法。因此，我探索着用自己的方式表现出中华理念东方美。

作为旅居海外的华人艺术家，多年来我也致力于推广和促进中新文化艺术交流，于2012年前往中国进行艺术展览，并在2013年带领新加坡艺术家前往苏州新加坡工业园展览交流。老话说得好："功夫不负有心人"。我的艺术实践也逐渐得到了人们的认可。近年来，我不但先后多次举办个人绘画作品展览，作品还受邀参加了中华人民共和国成立六十五周年的"第十二届全国美展"，也在中华全国归国华侨联合会、中国文学艺术界联合会、香港侨界社团联会、澳门归侨总会共同主办的"第二届世界华侨华人美术书法展"上荣获了佳作奖。当手捧着沉甸甸的荣誉证书时，我在心里默默地对先生说："老师，请放心，我还在画，还会在艺术道路上走下去！"

让世界听见阮咸的声音

——记新加坡华乐团阮声部首席张蓉晖

　　不似琵琶不似琴，四弦陶写晋人心。指尖历历泉鸣涧，腹上锵锵玉振金。天外曲，月边音……悠闲的下午，喝着下午茶读着古诗，留下属于自己的时间，享受一份清闲。这首诗的作者是宋朝的张镃，他描述的乐器不是人们耳熟能详的古筝、琵琶，而是有点儿"陌生"的乐器——阮咸。阮咸这个乐器宛如一颗有待发掘的"璞玉"等待展现它耀眼的光辉。在新加坡有这样一

张蓉晖

位琢玉者，因为自己的坚持与梦想，这么多年，不忘初心，将它的美挖掘、打磨出来。让阮咸这个中华古老的乐器拥有更多的色彩，不但保留它悠久的文化历史背景，又让它能够融入现今的大千世界，拥有现代化的发挥空间，让世界听见阮咸的声音。除此之外，她也是一位伯乐，为阮咸寻找一个又一个"琢玉之人"，她积极栽培有梦想的年轻人，让他们能够拥有广阔的天地发挥自己的天分。她，就是张蓉晖，坚持做好音乐、教导新人，让世界认识阮咸、聆听阮咸。

提到张蓉晖，许多人都喜欢叫她"张老师"。有些已经不是师生关系，但是亲切的称呼依然保留。虽然在新加坡华乐界颇有声望，但是在朋友、学生面前她就是一个拥有爽朗笑声、侃侃而谈的朋友，给人毫无压力的亲近。时而"疯狂"，和学生们一起讨论韩剧里的帅欧巴，十足少女心；时而又思维敏捷地为你的问题提出自己独特的见解。谦逊、不骄傲、亲切、开朗，是她成功的秘诀。

蓉晖自幼师从山东派古筝大师高自成习筝学艺。于1985年考入中国西安音乐学院附中，师从宁勇先生攻读阮专业并副修钢琴专业，获学校颁发的"重奏奖"。

1991年，她以优异的成绩考入中国音乐学院器乐系，跟随苗小芸、张鑫华学习阮及柳琴。1995年，获中国音乐学院学士学位。学习期间，她曾与多个电视台及音像公司合作，并受邀为中央电视台录制了中国首部中阮独奏《流水颂》MTV，深获观众喜爱。在校期间曾随刘德海大师代表中国音乐学院赴香港文化艺术节参演，并于1995年荣获中国音乐学院颁发的单项奖。1995年毕业后，蓉晖受聘于中央歌舞团，与队员组创"女子五重奏"小组，演出足迹遍布全国，并于中国文化部专业人员技术考核中荣获阮专业组第一名。同时她受邀任教于中国音乐学院附中。1995至1997年兼职于中央电视台文艺部，参与多场重要晚会及专题片的制作。1997年，受邀任职于新加坡华乐团。入团至今，她曾出访中国、日本、英国、法国、匈牙利、印尼、马来西亚等地。她的演奏音色淳美、技艺精湛、情感丰富、充满活力，对不同音乐风格有着自己全面独特的艺术见解。

现在的她任新加坡华乐团阮声部首席、新加坡阮咸印象室内乐团团长及艺术总监、新加坡音乐家协会会员，任教于新加坡南洋艺术学院。专业素养极强的她曾多次接受新加坡权威媒体《海峡时报》及《联合早报》的专访。

拥有如此多光环的她如何用自己的方式让世界聆听阮咸的声音？

2005年，蓉晖创办了新加坡阮咸印象室内乐团，这是个享誉国内外的优秀青年阮咸乐团。团员们代表阮咸室内乐团获奖无数并出访多个国家及艺术节，有幸为国家政要如荣誉资政吴作栋、前总统纳丹、陈庆炎总统等演出。除此之外，他们创作积累了大量经典阮咸乐团作品。乐团受邀参与了在北京举行的新加坡成立45周年及新中建交20周年的文艺演出、大师刘德海的指点山河音乐会、新加坡总统星光慈善晚会、中国文化部主办的首届国际丝绸之路艺术节——阮咸新丝路音乐会，参与首届高雄柳琴阮咸艺术节、台北柳琴室内乐团二十周年庆以及与雅加达爱乐交响乐团合作等大型活动。这不仅提升了乐团在乐界的名声，也肯定了乐团在现代阮咸乐团发展中的推动地位，对当今阮专业人才的培养起着重要的作用。阮咸印象是首个被选入国际顶尖航空公司新航机舱视频音乐节目的华族室内乐团，之后阮咸精彩节目也播放在中华航空机舱。2015年，阮咸印象成功举办10周年音乐会，演奏家们的精湛演出，深深吸引着观众静心聆听，掌声热情不止，更是获得傅海燕部长与专家媒体的高度赞赏。作为新加坡品牌的优秀青年乐团，阮咸印象已逐渐形成一股新加坡阮实力，并将不断发展推广，坚持求索钻研，继续传承创新。

阮咸大乐队表演中

许多人认为阮咸只是一个伴奏乐器，但是蓉晖将阮咸带入了一个新的层次。经过多年的努力与摸索，她将阮咸的表现力大大提高，不断丰富阮咸的表现力，乐团尝试不同形式的演出，与不同领域的演奏家合作，从5人的室内乐组合到多达60人的阮咸大乐队，组合多样，音响丰富，让原本就有深厚文化底蕴的乐器表现得更加出色，让世界能够认识阮咸所呈现出来的丰富的优秀文化。除此之外，她将阮咸融入世界的声音，融入年轻人的活力，积极为阮咸邀请多位优秀作曲家，长期担任驻团作曲，创作出具有新加坡特色的阮咸作品。如《童年》《融》《阮之火》《桑伽姆》《潇湘水云》《梅花操》等优秀作品，让阮咸在世界的舞台上与世界一起发声。

蓉晖在一次访问中表示，阮咸印象室内乐团的所有演出都是非营利的。大家都热爱阮专业，因为共同的音乐理想和目标走到

了一起。通过这个平台，凝聚各方优秀青年音乐爱好者，推广及积累优秀阮作品，把新加坡品牌的优秀青年阮咸乐团及经典阮作品介绍到世界各地，让阮这个乐器得到世界的认可和喜欢。

她没有因自己的成就而安于现状，而是时刻谨记自己的责任以及一直以来的坚持与初衷，通过自己的努力将阮咸带到国际的舞台，骄傲自豪地发出只属于阮咸的独特旋律。

除了对阮咸的坚持，蓉晖也不遗余力地栽培年轻人，让他们拥有更广阔的天地。

蓉晖曾受邀于新加坡国家艺术理事会及滨海艺术中心举办阮专业讲座，多次接受95.8音乐电台及新加坡国家口述历史个人专访。在多年的教学实践中，总结出自己独特的教学方法，为新加坡培养出众多的阮专业人才。学生们均在多届新加坡器乐大赛中取得优异成绩。2010年，由中国民族管弦乐协会主办的北京首届阮邀请赛中，她的学生们荣获专业独奏组的金银铜三个大奖，该成绩是新加坡选手在国际华乐赛事中的最好成绩。她同时获得大赛主办方颁发的优秀指导教师奖及优秀组织奖。2011及2014年，其学生罗彩霞与许民慧更以优异成绩考入国家级新加坡华乐团，分别担任阮副首席及阮演奏家。其高徒陈素敏于2013及2014年两次受邀与香港中乐团合作，成功首演刘星大师的第二中阮协奏曲，大获好评。这些成就标志着新加坡阮专业人才在国际艺术舞台受到认可。除了阮咸外，蓉晖指导的古筝乐团也多次荣获全国比赛荣誉金奖。

她用多年累积的经验，细心地培养音乐爱好者，让他们能够接受到最专业的教导与训练，她的不遗余力使她的学生们在音乐领域中成为佼佼者。她给予学生一次又一次的机会，让他们站在舞台上为世界弹琴，展示自己，展示阮咸。这些演出与比赛经验都是学生们永远的宝贵财富。蓉晖不仅在音乐方面教导学生，更在生活方面成为他们的导师。用她丰富的经验，让学生无论是在生活上还是学习上遇到挑战与问题时都能够获得最好的帮助。因此她也是人生的导师，将每一个学生都视为自己的孩子一般照顾。"张老师"这个称呼，不仅是教师的职务，更是深厚感情、信任、依靠的代名词。

经过多年的努力，蓉晖已经在新加坡培养出众多的"琢玉之人"。他们本着热情、坚持以及梦想，不忘初心，不遗余力地打磨这颗璞玉，让它能够发挥更加精彩的一面，呈现出最精华的颜色。不仅如此，这些"琢玉之人"同样在继承并培养更多的人才，让这个优美的旋律能够一直继承下去。

帮助别人等于帮助自己。张蓉晖不仅收获了事业上的成功，她也收获了人生的成功。学生们在各个领域都有着卓越的表现，但在私下仍然喜欢亲切地称呼她"张老师"，和她撒娇。无论飞多远都会回头感恩她的付出与关怀，相信这就是她最大的成功。未来的路她将继续向前奔跑，坚持自己的初衷，为了阮咸，为了年轻一代，让世界听见阮咸的声音。

初稿作者　罗　希